木造モダニズム建築の傑作

聴竹居

発見と再生の22年

P2-5 新緑の全景と縁側

P6-9 紅葉の全景と縁側

P10-11 雪化粧をした聴竹居

P12 椅子式にあわせた床の間のある客室

P13 読書室（勉強部屋）と縁側

P14（上）藤井厚二がデザインした客室の照明

P14（下）縁側天井に設けられた換気口

P15 神棚、時計、違い棚のある居室（居間）

P16 カットガラスがはめこまれた玄関扉

※写真提供：竹中工務店　撮影：古川泰造

木造モダニズム建築の傑作
聴竹居
発見と再生の22年

はじめに

京都府乙訓郡大山崎町の天王山の麓に「聴竹居《ちょうちくきょ》」と名付けられた築90年になるひとつの木造住宅がある。

私、松隈章《まつくまあきら》は、総合建設会社の竹中工務店に勤め、主に建築設計の仕事に永く携わってきた。1980年に会社に入って37年。そのうちの半分を超える約22年間の長きにわたって関わってきたのが、建築家・藤井厚二の自邸「聴竹居」である。2017年に昭和の住宅としては初めて国の重要文化財になった「聴竹居」は、環境共生住宅の原点ともいわれ、近年では新聞や雑誌、さらにはテレビで取り上げられることも多く、日本全国だけでなく世界各国からも多くの人々が訪れる「日本の住宅」、そして「木造モダニズム建築」の代表格のひとつになった。

しかし、私が初めて訪れた1996年の段階では建築界はもとより、一般の方々、さらには地元の大山崎町民にもほとんど知られていない建物だったのである。さらに1999年までは住宅として使われ続けてはいたものの、所有者にとっても、その建築的、歴史的、文化的価値が分からないままにあった。阪神・淡路大震災をきっかけに出会ってから22年、ようやく「聴竹居」を次の世代へと引き継ぎ、未来永劫、国の宝として保存公開、利活用する体制が整い、その第一歩が2017年から始まった。それは、様々な偶然、ご縁、さらに、本当に数多くの方々のご協力があったからこその到達点だった。

私自身、この「聴竹居」に出会って以来、その建物としての魅力のみならず、それを設計し自らが家族と共に住んだ建築家の藤井厚二の奥深い「日本の住宅」の思想にどんどんと引き込まれていくことになった。時代を超えて息づく「聴竹居」が、もともと持っていた魅力に惹きつけられ、多くの方々に注目され愛されたことが、良い結果を導いたことは間違いないと思う。建物そのものの持つ「生命力」と言ってもいいのかもしれない。

グローバルな経済、社会の中、情報が瞬時に世界を駆け巡る現代社会は、その場に留まることを知らずに常に激しく変化し続けている。その現代社会にあっては、古い建物もどんどん壊され建て替えられていく。しかし、阪神・淡路大震災や東日本大震災を経験した日本、超少子高齢化社会と人口減少社会を迎えている日本が、今のままで良いはずがない。

この本は、生命力溢れる「聴竹居」が辿った22年間を振り返るものであり、多くの献身的な仲間に支えられ、幸運にもずっと「聴竹居」に関わることができたひとりとして活動全体を詳細に記録するものである。それは、きっと同じように古い建物を大切に次代に引き継いでいこうとしている方々へのひとつの道標になってくれるだろう。この本をきっかけにして一人でも多くの方々が、地域に根ざした「建物」の持つ魅力に気がつき、その「建物」をきっかけに地域の歴史や文化を見直し、人と地域を未来へ繋ぐことの愉しさを知り、動き始めてくれればと思う。

第一章　木造モダニズム建築の傑作「聴竹居」とは

近世・近現代建築の宝庫――京都府大山崎町に佇む「聴竹居」

京都府乙訓郡大山崎町は、天下分け目の合戦で有名な天王山を背後に、桂・宇治・木津の三川が合流し淀川になる雄大な景観が特徴的で、大阪府との県境に位置する人口約1万5000人の町である。その小さな町は、千利休の茶室で国宝の妙喜庵《みょうきあん》「待庵《たいあん》」、安藤忠雄が増築・改修設計をしたアサヒビール大山崎山荘美術館、重要文化財の宝積寺などの近世・近現代建築の宝庫でもある。そこに京都帝国大学教授・建築家の藤井厚二（1888〜1938）の5回目の自邸「聴竹居」が、竣工90年を経た現在もそのままの姿でひっそりと佇んでいる。

「聴竹居」の名前について

今から90年ほど前に完成した藤井厚二の代表作である自邸「聴竹居」について以下概説する。その前に、「聴竹居」という名前はどこからつけられたのだろうか。藤井が自ら記したものの中から、その経緯となるものは見つかっていない。

花人の西川一草亭（後述）の編集した機関誌「瓶史」の昭和6年陽春号に一草亭が次のように記している。「聴竹居は藤井厚二博士の雅号なり、京都の郊外山崎天王山の山麓、眺望絶佳の地に新居を構え、京都大学に専門の建築学を講ぜられる余暇、自ら陶器を焼き、茶の湯の趣味を解し、挿花を研究し、生活の向上と美化に意をもちいておられる様である」と。

敷地の周辺は竹林だったことが、当時の地図から分かっている。その「竹」の音を「聴き」、家族と共に和敬清寂を愉しむ住居（自邸）を藤井は造ろうとしたのであろう。その住居の名前が藤井自身の「雅号」でもあったのである。藤井自身も西川一草亭にお花を習い、「瓶史」に雅号「藤井聴竹居」として挿花を写真入りで発表している。

先ずは理論と実践の中から〝日本の住宅の理想の形〟を追求した京都帝国大学教授で建築家の藤井厚二が、その最終形として提示した「聴竹居」の魅力を探っていくことにしたい。

理論書『日本の住宅』と実践としての日本の住宅の理想形――「聴竹居」の魅力

京都帝国大学教授・建築家の藤井厚二は、明治維新以来の欧化政策により欧米の模倣と日本の伝統とがただ雑然と混交している生活様式の状況を憂い、環境工学の理論書『日本の住宅』（１９２８年 岩波書店）を執筆・発行している。

和風・洋風のふたつの様式について、「生活様式」「構造および意匠装飾」「間取り」「壁」「軒および庇」「夏の設備」など10項目について比較・考察し、それぞれの長所に拠った様式を追求した。そして、藤井は住宅において自ら興した環境工学を基礎とした設計方法論を展開。欧米諸国・都市と日本の気候データとの比較を行って、主に温熱環境について人間が快適である状態を明らかにした上で、それを獲得するための日本の住宅における基本的な考え方を提示し科学的に裏付けている。

教鞭をとった京都帝国大学で藤井自ら興した環境工学を基礎とした設計方法論として展開され、環境が叫ばれる現代でこそあたりまえのことが約90年も前に第5回自邸「聴竹居」で実践されている。日本の住宅の理想形——「聴竹居」で実現されている藤井の先進性を示す主なものは、大きくは次の4つに集約できるだろう。

1・科学的アプローチを駆使したパッシブな（自然エネルギーを生かす）工夫

藤井厚二が取り組んだのが、日本の住まいで伝統的に取り入れられてきた気候風土に合わせる建築方法を科学的な観点から見直すことだった。科学的な目で捉えなおすスタートとして人体が快適だと感じる標準的な温湿度を欧米の研究者の研究成果と比較考察。おそらく日本人として初めて体感温度を設計の際の根拠として、室温は摂氏17・78℃、湿度65％と割り出した。次に日本各地（3府37県）と欧米の6都市の気温、湿度、降水量などの指標で気候を比較調査し、日本の気候の特徴として春秋は快適だが、夏期は高温多湿でしかも長く、冬期は小湿だがさほど低温ではなく期間も短いことが分かった。藤井厚二の取り組みは兼好法師の「家のつくりやうは、夏をむねとすべし。冬はいかなる所にも住まる。暑き比わろき住居は、堪へ難き事なり」を科学的に追求し日本の気候風土に合った建築理論の構築に繋がった。特に夏の対策が重要だとして、「聴竹居」では次のようなことを実現している。

・室内の風通しを良くするために一屋一室（ひとつの建物にはひとつの部屋とする）とする
・屋根裏（天井裏）を換気に利用して夏の暑さを避ける
・夏の日差しを避け、冬の日差しを取り入れるため庇の出を決める
・床下や地中から外気を導入し室内へ導く
・床下と天井裏を繋ぐ通気筒を設け床下で冷やされた空気を屋根裏に通して温度をさげると共に換気を盛んにする

2・洋風と和風そしてモダンを統合したデザイン

「聴竹居」は外観、内観共に何処か懐かしい雰囲気を持ったモダンなデザインになっている。一見すると普通の和風住宅に見えてしまうものの、細部を見ていくと洋風住宅の要素も巧みに取り入れられているのが分かる。それは、「洋風」と「和風」の住まいを理論的に比較する中から生み出された時代の流行に押し流されることのない真摯な取り組み「洋と和の幸せな統合」の結果であり、日本人が昔から築いてきた「日本の住宅」を近代化しよ

うとしたオリジナルな試みの結果ともいえる。
・椅子に座った人と畳に座った人の目線を合わせるために畳の床を30㎝高く設定。
・数寄屋建築に伝統的に用いられてきた木、和紙、竹、土壁など自然系材料の採用。
・黎明期にあった欧米のアールデコやモダニズムと日本の数寄屋のデザインの融合。

3・住まいの〝原型〟としての居間中心、家族中心のプランニング

大正期から昭和初期の一般的な住まいの多くは、玄関を入ると中廊下があり、手前に洋間の応接室、その隣に床の間のある接客用の畳敷きの座敷、その奥に家族が集う茶の間などが追いやられ、接客空間を第一にしたプランニングになっていた。そのことに疑問を感じた建築家の一人が藤井厚二だった。「聴竹居」では、玄関に入ると右手には客用のトイレが、左手には客室（椅子式の応接室）が設えられていて、その奥には広い居室（リビング）が続いている。つまり、「聴竹居」のリビング・インの平面は現代でも通用するプランニングになっているのだ。居室を中心に貫入・連続された縁側、読書室、食事室を含んだ空間全体で人が集う場としての「居間」をつくり、家族それぞれが居場所を確保しながら繋がり合える家族のための豊かな空間が生まれている。

4・新しい「日本の住宅」のライフスタイル全体をデザイン

大山崎に約1万2000坪ともいわれる広大な敷地（山林）を購入した藤井は、単体の住宅はもちろん、理想とする住宅地を創造していこうとしていた。藤井はその広大な敷地に、「藤焼」窯（藤井自らが「藤焼」と名づけ、茶碗や湯飲みといった日用雑器や花瓶に絵付けをした上で清水焼の陶工・川島松次郎に作陶させた）を設置、山崎の豊かな地下水を汲み上げて飲料用の水源にすると共に、長さ25ｍ、幅6ｍの鉄筋コンクリート製のプールを造り、さらにフルサイズのテニスコートを設けている。「聴竹居」周辺では小川や池、滝がある傾斜を生かしたランドスケープも実現している。さらに茶道、華道を嗜み、建築だけではなく、家具、照明、絨毯、日用雑器、自著の本の装丁など、生活していく上で必要なあらゆるものをデザインしたのである。

以下に「聴竹居」の特徴について個別に概説する。

ランドスケープ

藤井自身の遺した大山崎一帯の壮大なランドスケープの設計図やスケッチは残念ながら見つかっていない。2001年に『環境と共生する住宅「聴竹居」実測図集』（彰国社）をまとめた際に、ランドスケープについては実際にそこで暮らした小西章子さん（藤井厚二の次女）・伸一さん（章子さんの長男で藤井厚二の孫）にヒヤリングをして作成を行った。

藤井は1万坪を越える大山崎の土地を購入し、第3回住宅、第4回住宅、そして第5回住宅「聴竹居」、その他にも、いくつかの小住宅やテニスコート、プール、窯などを整備していったことが分かる。現在は「聴竹居」以外には何も遺っていないが、それらはまさに、法政大学教授の建築史家・小能林さんの言う「コロニー」であり、名古屋工業大学教授で環境工学がご専門の堀越哲美さんの言う「分譲住宅あるいは住宅展示場」であったのだろう。

建物配置

現在の第5回住宅「聴竹居」には、3棟の建物が配置されている。住まいの中心となる「本屋」、その北側に隣接した藤井の書斎・アトリエとして使われた「閑室」、そして、少し下りたところにある藤井の茶道・陶芸など、趣味を通じての社交の場だった「茶室」である。本屋と閑室は1928（昭和3）年にほぼ同時に建てられ、茶室は数年（1931〈昭和6〉年）遅れて建てられている。本屋は広大な敷地の中でも最も見晴らしの良い、言わば岬にたとえると、その突端に位置している。平地の少ない中で、雁行させながら、東西に長く南面した居室を、それまでの実験住宅での暮らし心地から平屋が良いという結論に至り、平屋建てで構成している。そこを訪れるものは道路から緩やかに右にカーブした石段を登っていき、一旦、見晴らしの良い南方向を眺めた後、折れて玄関に至る。シークエンスを十分に考えたアプローチである。また、本屋の南側には絶景を見晴らせる芝生の庭が広がり、そのまま斜面となっていて、その先は国鉄（当時）の線路へと繋がっていた。

本屋

本屋は、南北に細長く雁行したプランを持つ居室（居間）を中心にして、客室（客間）、食事室、調理室、縁側、読書室など、生活の公の部分が配置され、その奥に中廊下に面して私的な寝室、浴室、便所、納戸などがある。玄関を入ってすぐに客室や客用の便所を設けている。それは客の使用する部分を可能な限り減らし、家族のための居住空間を大きくとりたいとの意志の表れである。本屋の中で、特に注目すべき部屋としては、①最もデザイン密度が高く、和と洋の要素が凝縮された空間の客室、②中心に位置し、一段上がった三畳の畳間や4分の1円によって緩やかに間仕切られた食事室と繋がる居室、③三川合流を望む大パノラマを実現し、さらに、室内の熱環境の緩衝帯となるベランダとサンルームの機能を持った縁側があげられる。

客室

客室で使われている木、竹、紙は日本の伝統的な材料、様式としては椅子式の洋風、床の間という和の空間要素、それらが絶妙のバランスで融合されている。床の間は椅子式に対応し目線を意識した高さが採用され、ふたつが組み合わされている。ひとつは、ソファー横の小さな床が玄関から引き戸をあけて入った時に目にとまる位置にある。さらに、ソファーや椅子に座った時に眺められる大きな床がある。その部屋全体を照らす和紙張りのモダンな照明器具は同時に裏側の床に光を当てるよう工夫された床照らしでもある。ソファーと小さな床との間に設けられたスクリーンは、目の美しい杉板柾目とソファーからの目線を遮らない位置に設けられた細い竹のたて格子、そして竹の床柱で構成されている。

居室

南北に細長く雁行させている理由のひとつは西風の多いこの土地の特徴において風通しを良くするためである。いまひとつは藤井自身の著書『床の間』の中でも述べているが、平面によって区画した種々の凸凹のある空間をつくることによって、畳で構成されてきた部屋を四角四面で単調になるのを防ごうとしたからである。

一段上がった三畳の畳間は、腰掛式と座式の目線を合わせるための工夫として、「聴竹居」以前の実験住宅でも導入されている。ここでは同時に段差を利用して、夏季に地中を通った涼しい外気を取り入れるための導気口（今でいうクールチューブ）が設けられている。

居室と食事室は平面的に45度の角度で連続しており、その結界は、4分の1円の大胆なデザインをした間仕切りで緩やかに区切られている。その間仕切り横の壁面には、マッキントッシュのデザインを模し壁に埋め込まれた時計、神棚、そして和の違い棚の要素を取り入れた絶妙なデザインセンスの洋風の飾り棚が設けられている。

縁側

ここでは正面に石清水八幡宮を裾野に抱く男山を背景に雄大な三川合流（桂、宇治、木津の3つの川が合流し淀川となる）を望む大パノラマを獲得している。それは、①嵌め殺しガラスの付き合せコーナー部分の建具を細くする　②軒を方立てで持たせることによって柱をなくす　③透明ガラス（当時は表面が平滑なガラスは国内にはなく輸入されたもの）とすりガラスの組み合わせにより、軒裏や地表面の草木など、室内から余分なものを見せない視線操作によって実現されている。さらに夏の暑さと冬の寒さを同時に和らげる工夫が施されている。夏は「ベランダ」として庇によって直射日光を防ぎ、居室との間の引き戸を閉じた上で換気用の地窓を開放して緑によって冷やされた外気を入れ、天井部分に設けられた排気口によって屋根裏に抜くことによって暑さを凌ぐことができる。一方、冬は「サンルーム」として窓ガラスを密閉し風雨を防いだ上で、日射から得られる熱（ダイレクトゲイン）による採暖効果が得られるのである。引き違いの窓の枠には冬の隙間風を防ぐ工夫も入念に施されている。

閑室

閑室は『続・聴竹居図案集』によると、「腰掛式を本位として閑寂を楽しみ得る室にて茶礼をも行い得ること」を考慮してつくられた。平面的には、玄関から便所、下段の間、上段の間へと正方形が執拗に反復されている。また、意匠的には、柱に丸太を用いたり、掛け込み天井などの数寄屋風のデザインがなされている。とりわけ、網代や萩、皮付き丸太などを用いた凝った天井は、本屋のシンプルなデザインとは対照的である。小さいながらもヒューマンスケールの居心地のよい、心落ち着くプライベートな小空間となっている。

茶室

閑室よりひとまわり小さな茶室は本屋からの視界を遮らないように南東に4mほど落ち込んだところに位置している。それはまるでフランク・ロイド・ライト設計の落水荘（1936年竣工）のように小滝とその下の池、さらにはその先は小川に続く傾斜地に建っている。外観は大壁造りの本屋や閑室とは異なり数寄屋風の真壁造り。窓は外観よりは内部空間からの見え方を重視し配置されたため、ユニークなエレベーションとなっている。

さらに屋根の多様さにも驚かされる。わずか6m半四方の建物であるが各室ごとに屋根形状を切り替えている。内部空間には、ガラス戸の入ったにじり口のある2畳中板の茶室、市松状の窓に面した備え付けの机のある板の間、そして、6畳の広さに竿縁と交差して宙を飛ぶダイナミックな落とし掛けのある4m幅の床の間を持つ閑室がある。いずれも本屋や閑室にはない斬新なものとなっている。本屋や閑室は、〝普遍的な理想のモデル〟としてある意味優等生的に造られ、図案集にも遺されている。一方、茶室は図面や写真も公表されていない極めて私的な建物であり、本屋や閑室とは異なった藤井の嗜好の一面が表現されており、藤井を知る上で極めて重要な建物といえる。1933（昭和8）年に来日したドイツ人建築家のブルーノ・タウトがこの茶室を訪れている。

ディテール（細部）

『正、続・聴竹居図案集』には竣工写真と共に、理論書である『日本の住宅』と連動した形で、特に外部に面した建具周りの原寸図と主要な部屋の展開図が数多く紹介されている。

実際の「聴竹居」は竣工後約90年を経ているにもかかわらず、建具などにほとんど狂いがない。さらに、実測調査で窓ガラスの木製押さえぶちなどの釘のピッチもきちんと割付けられ、召し合わせ部分には隙間風を防ぐ工夫も施されていることが分かった。藤井によって建物から家具や照明にいたるディテールの隅々までデザインされ、その全てが住み込みで建設にあたった棟梁・酒徳金之助との共同作業によって精緻に具現化されているのである。床は日向松の板貼、天井には杉板、杉へぎ板や竹の網代も用いられているが、居室の天井を含め内壁のほとんどが鳥の子紙で包まれている。細く精緻なディテールを持つ建具と極めて限定された色や材料で空間を構成。あらゆる展開の直線が垂直、水平方向にきちんと揃えられ、その上で、幾何学的な円や円弧、斜めの線が空間にアクセントを与えている。それが建築史家・藤森照信さんの言う「伝統を幾何学で洗う」ことであり、空間にモダンな感覚を生んでいる。

聴竹居実測平面図

閑室

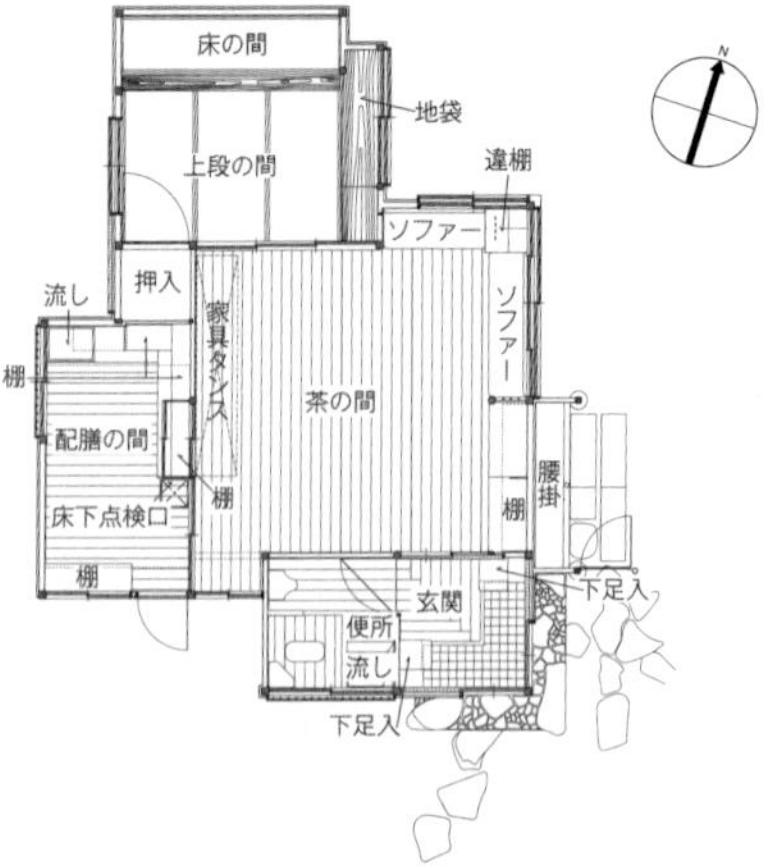

本屋

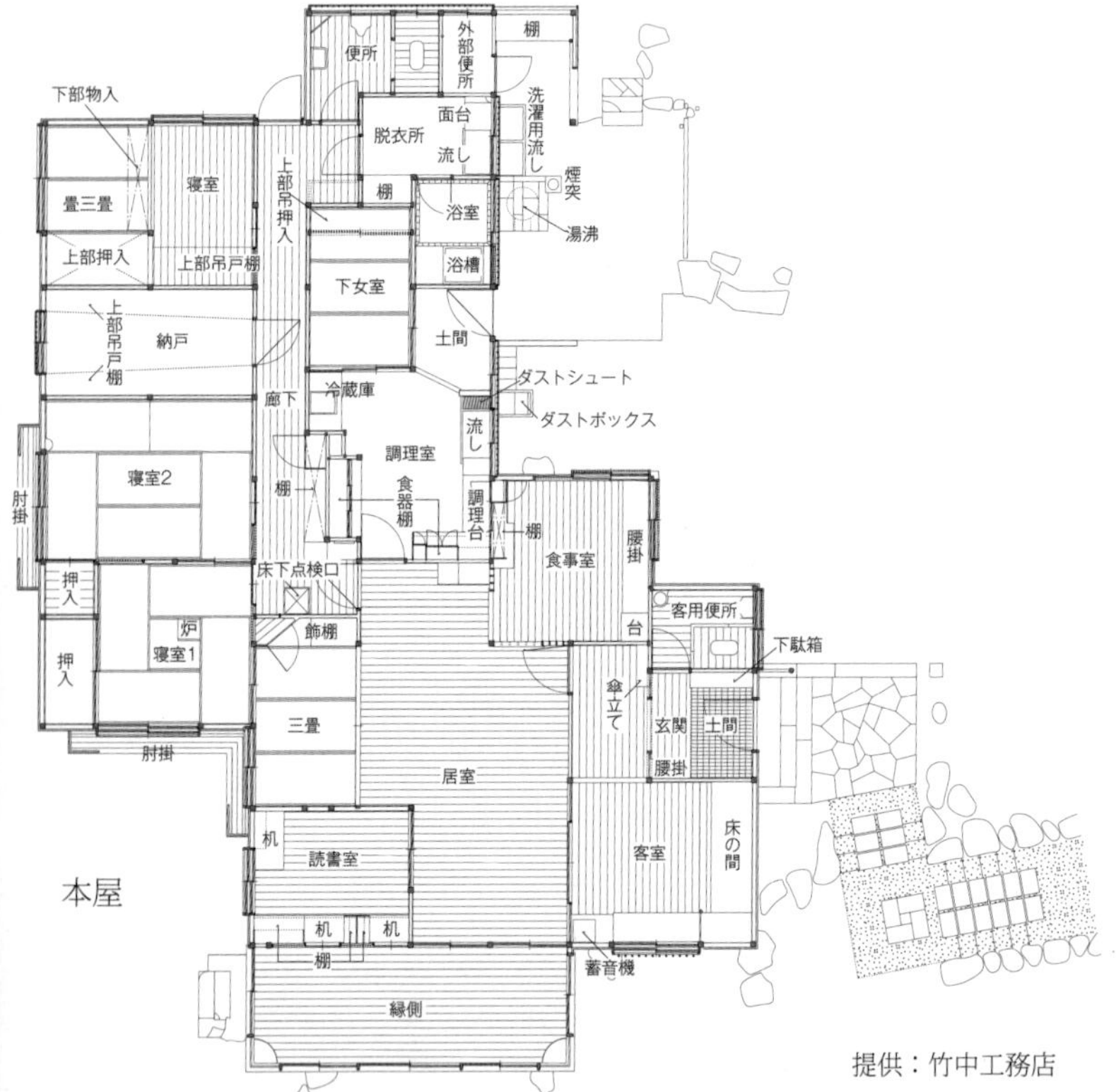

提供：竹中工務店

第二章　藤井厚二の生涯と「日本の住宅」という思想

建築家・藤井厚二の生い立ち

「聴竹居」を5回目の自宅として建てた建築家・藤井厚二について紹介しておこう。

藤井厚二は、ひと言で言うと教鞭をとった京都帝国大学で自ら始めた環境工学の知見を活かし、日本の気候風土と日本人のライフスタイルや感性によく適合した、新しい時代の「日本の住宅」を志向し実践した建築家といえるだろう。

1888（明治21）年12月8日、藤井厚二は現在の広島県福山市宝町に素封家の次男として生まれている。父与一右衛門は、十数代続く造酒屋・製塩業・金融業「くろがねや」を営んでいたかつての御用商人。藤井家は堅実に家業を営む傍ら円山応挙「瀑布亀」、竹内栖鳳「薫風行吟」、「御所丸茶碗」など第一級の絵画、書、茶道具を数多く所蔵、藤井は幼少の頃から日常的にそれらを目にしている。建築家・藤井厚二の鋭い審美眼は、海と山に囲まれた福山の豊かな自然環境と、この恵まれた家庭環境によって育まれていった。福山中学（現在の福山誠之館高等学校）を経て、1910（明治43）年、岡山の第六高等学校を卒業。1913（大正2）年7月、東京帝国大学工学科建築学科（同級生には堀越三郎、佐藤四郎などがいた）を卒業する。

卒業設計としては、中央にドーム状のロトンダを持った「A Memorial Public Library: 記念公共図書館」を遺している。様式建築的でありながらも新古典主義を志向したデザインである。一方大学では「法隆寺建築論」を発表し、まさに「日本建築史」を体系化した日本初の建築史家であり、「平安神宮」や「築地本願寺」を設計した建築家・伊東忠太に教わっている。

藤井の方向性を決定づけた恩師・伊東忠太の存在

「聴竹居」の玄関先と閑室に至る石段の途中に伊東忠太がデザインした石像がそれぞれ一体ずつ置かれている。その石像は伊東忠太が1912（明治45）年、西本願寺の門前町の一角に完成させた「真宗信徒生命保険会社本社」（現・伝道院）の建物周囲に数種類ある石像のひとつと全く同じものなのである。この石像は1922（大正11）年に竣工する藤井の第3回住宅の庭に既にポツンと置かれていたことが当時の写真で分かっている。1912年の「真宗信徒生命保険会社」と1922年の10年のいずれかの時期に藤井と伊東を結びつけたものは、東京帝国大学と、藤井が在籍し伊東の建物を当時続けて施工していた竹中工務店が考えられる。

藤井厚二と伊東忠太は東京帝国大学の師弟関係である。藤井が東大に学んだちょうどその時期に、伊東は「真宗信徒生命保険会社」を竹中工務店の施工で完成させている。藤井厚二は東洋と西洋の様式が不思議に混じり、強烈な印象を与える「真宗信徒生命保険会社」を生きた教材として学んだことになる。伊東忠太は藤井とは21歳違いで、1898年に法隆寺建築論を著すなど、当時、未だ学問体系になっていなかった「日本建築史」を体系立てた歴史家として有名だ。さらに、1902年から1905年の3年間、中国・インド・トルコそして西欧とアメリカを巡る世界一周の視察に出掛けている。藤井は1910年から1913年に東京帝国大学に在籍していた。藤井が書き取った伊東忠太の講義ノートが今般、「聴竹居」内で発見されたが、まさに伊東が日本及び世界一周で巡って見てきた建物について生々しく教える「西洋建築史」や「東洋建築史」、さらには「日本建築史」を黒板に板書したものを、藤井はスケッチを交えながら丁寧に書き取っているのである。一方で伊東は建築家として世界一周してきた知見を生かして、ギリシャ建築が木造から石造へと進化したことにならって、日本の社寺仏閣の建物も「木造」から「石造」へと進化させるべきだとして「建築進化論」を唱え、その想いを「真宗信徒生命保険会社」に結実させている。伊東は、江戸時代まで木造で造られてきた社寺仏閣を石造によって西欧＝近代化に伴って新しいデザインを施そうと試みていたのである。「真宗信徒生命保険」に続き、1925（大正14）年には「阪急ビル内部装飾」、1927（昭和2）年に「旧東京商科大学兼松講堂（現在の一橋大学）」をいずれも竹中工務店の施工で完成させている。しかし、「聴竹居」に石像が置かれた経緯について藤井が記したものは見つかっていない。二人の接点からは石像の入手のルートはいくつか推測できる。ひとつは、藤井が竹中工務店に入社後あるいは京都帝国大学着任後に師・伊東忠太設計の「真宗信徒生命保険会社」を見学し、石像の入手を直接伊東忠太に依頼した。あるいは竹中工務店のルートで入手した。またひとつは、藤井が竹中工務店時代に担当した「大阪朝日新聞社」の石材を石屋で探した際に、伊東の石像のスペアを見つけていた等々。

京都大学工学部建築系図書室に遺されている「聴竹居」の設計図には、平面図、立面図共に、はっきりと石像が記されデザインとして組み込まれているのである。あきらかに藤井はある意図を持って伊東忠太のデザインした石像を、完成形と考えていた「聴竹居」に置こうとしたのである。京都嵯峨野の二尊院にある藤井自身の墓もモダンな形で、生前自らデザインした藤井にとってみれば、石像をデザインすることはけっして難しいものであったはずはない。それでは何故、あえて伊東のデザインした奇怪な形をした石像を置こうと意図したのだろうか。

「聴竹居」の「本屋」の洗練され研ぎ澄まされた佇まいの一方で、「茶室」は、かなり斬新な内外観を有している。また、藤井が清水焼の陶工・川島松次郎と創り名付けた「藤焼」には、一種おどろおどろしい印象を受けるものも存在する。ある意味優等生的に神経を研ぎ澄まして洗練を極めていった「本屋」。一方で「茶室」には、図案集や写真にも遺されていない、あくまでも藤井の私的な空間だった。

石像設置の意図を考える上でのヒントは、竹中工務店の有志で行った実測調査を通じて感じていた「本屋」と「茶室」や藤焼に見られる藤井の二面性にあるのではないだろうか。しかし、今のところ、藤井の遺したものの中に石像の記述は残念ながら見つかっていない。想像の域を出ないが、建築史家の藤森照信さんは以下のように記している。

「伊東の真宗信徒生命の建物は、建築史上に名を刻み、日本の木造建築の伝統と、石や煉瓦に由来する当時のヨーロッパ建築の間を繋ごうとした苦心の作として知られている。もっと限定していうと、日本の木造の伝統を組積造化しようとしたものとして名高い。明治の時期、万事欧風化のなかで、火事にも地震にも弱い日本の木造建築は遅れたものと見なされていた。当然、大学出の建築家は手をつけない。それに対し、伊東は、ギリシャ、インドをはじめ世界の建築は全て木造起源で、木造から煉瓦・石造へと進化したとし、これを〈建築進化論〉として理論化し、その実践第一号が真宗信徒生命にほかならなかった。当時、煉瓦・石造は進んだものと見なされていたから、木造の形をなんとか進化させようとした第一号ということになる。

藤井は、そうした伊東の志に深く魅せられていたんじゃあるまいか。伊東は、社寺をベースに形、様式を近代化しようとし、藤井は茶室・数寄屋をモダンな空間へと近代化しようとしており、二人は時代差も方法の違いも歴然なのだが、しかし、伝統と近代の間をどうするかという基本的な関心は一致している。

藤井と伊東の間に赤い糸が張られていたなんて考えたこともなかったが、玄関前と茶室路地の二体の石像が語る言葉に素直に耳を傾けるなら、そのようなことになる。」(『環境と共生する住宅「聴竹居」実測図集』)

藤森さんが指摘するように、藤井の生きた大正から昭和初期には「伝統と近代の間」を調整し統合するといった大きな課題があった。そうした時代の中で、藤井も「近代」と「伝統」や、「科学」と「趣味」の狭間を大きく揺れ動き葛藤したのだろう。その証として「近代」と「科学」を「聴竹居」の「本屋」に表現すると同時に、「伝統」と「趣味」あるいは「聴竹居にこめた近代化の意思」を「伊東の石像」に凝縮して託そうとしたのではないだろうか。

「建築の巨人　伊東忠太」が藤井に与えた影響力の大きさを示すものとして、伊東のデザインした石像は今も変わらず「聴竹居」に存在し続けているのである。

将来を決定づけたふたつのプロジェクト——竹中工務店時代の藤井厚二

藤井厚二は、当時設計技術の近代化を急いでいた創業者、竹中藤右衛門に三顧の礼で迎えられ、1913（大正2）年に入社する。

そして入社間もない時期に取り組んだふたつのプロジェクトが藤井の将来を決定づけることになる。「大阪朝日新聞社社屋」（1916〈大正5〉年）と「大阪朝日新聞社　社主村山龍平邸・和館」（1917〈大正6〉年）である。前者は東京帝国大学で学んだ欧米のデザインや建築技術を、遺憾なく発揮してでき上がった先進的な「オフィスビル」。一方後者は約1万坪にも及ぶ起伏ある広大な敷地を存分に生かしたランドスケープと、京都工芸繊維大学教授の石田潤一郎先生が言う「和風のゼツェッシオン（19世紀末ドイツ、オーストリアに相次いで興った芸術運動。セセッションとも呼ばれる）化」が特徴的な「住宅」（邸宅）。若き藤井厚二には、いずれも魅力的なジャンルであり、実践の中で様々な建築設計の知識を吸収する場であったであろう。

時代的にゼツェッシオン的な傾向があったとはいえ、まだまだ様式建築のスタイルに縛られ、国家の「西洋化」の意思を表出する必要があった「オフィスビル」よりも、欧米では既にモダニズムの萌芽が始まりデザインの自由度を増しつつあった「住宅」に、より魅力を感じたということだろう。後に竹中工務店を辞めた藤井は、「住宅」（と環境工学）に没頭することになる。

神戸・御影に現在も残る、京都・西本願寺の飛雲閣を思わせる外観を持つ「村山龍平邸和館」の壮大なランドスケープと書院や数寄屋を近代化した細部意匠へのこだわりを見ると、その設計に関わったことが、天王山に繋がる大山崎に約1万2000坪の土地を買い求め、次々と実験住宅・自邸を建てることを藤井に決意させたのではないかと思えてくる。

藤井の意思を記したものは見つかっていないので、いずれも想像の域を出ないが、「神戸・御影」と「京都・大山崎」には幾つかの共通点がある。①1万坪を超える起伏ある自然のままの土地、②御影では大阪湾が、大山崎では三川（宇治川・木津川・桂川）の合流が望まれる雄大な眺望が得られる土地、③六甲と大山崎の自然の水が豊かな土地などである。

村山龍平邸の敷地内には、起伏に富んだ敷地を生かして（社主の意思と言われている）建てられた河井幾次設計の「洋館」（1909〈明治42〉年）と「数寄屋建築」藪内家の茶室・燕庵《えんなん》の写し「玄庵《げんあん》」といった第一級の建物が既にあり、それらと対峙する形で「和館」

の設計が進められたことも大きく藤井に影響しているだろう。

さらに決定的なのはプロジェクトを通じて関西の雄、建築家・武田五一に出会っていることだ。

武田は藤井とは16歳違いで、同じ郷里、広島県の福山出身である。また、武田は、「大阪朝日新聞社社屋」プロジェクトの新聞社側の顧問を務めていた。当時京都高等工芸学校（現在の京都工芸繊維大学）の図案科教授であった武田は、「福島行信邸（１９０７年）」や「京都府記念図書館（１９０９年）」、「芝川又右衛門邸（１９１１年）」といったヨーロッパで生まれたアールヌーボーやゼツェッシオンなど近代主義の建築に向けた新しいデザインの潮流を積極的に吸収した作品を次々に発表していた。入社したての若き藤井厚二には、40代半ばの武田五一の強烈な個性は大きく影響しただろう。そして１９２０（大正９）年、藤井は武田が創設した京都帝国大学工学部建築学科に講師として招かれ「意匠製図」（後に「建築設備」「住宅論」「建築計画論」）を担当、翌年助教授となる。

１９１３（大正２）年10月合名会社竹中工務店最初の帝大卒設計者として藤井厚二は入社するが、１８９９（明治32）年に神戸の地で創立した竹中工務店は、藤井が入社した時点で全従業員数三十数名だった。つまり、２０１９年に１２０周年を迎えようとしている現在の全従業員数７０００を超える竹中工務店からは信じられないくらい小さな規模の会社だったのである。だからこそ、若い新入社員だったにもかかわらず、藤井はわずか６年足らずの在籍ながら、将来を決定づけた大阪朝日新聞社と村山龍平邸・和館の他に、神戸発祥の海運会社の橋本汽船の本社ビルで海岸通りに近年まで遺っていた「橋本汽船ビル」、阪神・淡路大震災で半壊して解体されるまで旧居留地に遺っていた「明治海運本社ビル」などの設計を担当、竹中工務店黎明期の設計組織の基礎を築くことができた。

その緻密で繊細なデザイン感覚は、兵庫工業高校出身で同期入社の早良俊夫や藤井に勧められて入社した東京帝国大学の後輩だった鷲尾九郎をはじめ、その後の竹中工務店設計部に脈々と受け継がれ、現在も生き続けている。

一方で藤井は恵まれた財力を生かして生涯自邸を5つの「実験住宅」(藤井厚二自身が実験住宅と称したり記述したものは見つかっていないが)として建てているが、竹中工務店に在籍していた1917(大正6)年、神戸市葺合区熊内(石屋川)に第1回目の自邸を建て、母・元《げん》と住んでいる。翌1918(大正7)年には、出雲大社大宮司の娘・千家壽子《ひさこ》と結婚。1919(大正8)年11月に竹中工務店を退社し、翌年にかけて、「建築に関する諸設備および住宅研究」のため、1919年11月8日に横浜港を出港し、米国とヨーロッパ各地(イギリス、フランス、イタリア、スイス、ベルギー)計6か国を9か月にわたり視察する。この視察には当時住宅改良会の顧問をつとめていた武田五一の助言があったとされ、藤井は欧米のモダニズムデザインの萌芽と最先端の建築設備に触れ影響を受けた。1920(大正10)年8月14日に横浜港に到着し帰国、同年、京都府乙訓郡大山崎町の西国街道沿いに第2回目の住宅を建て移り住む。欧米視察後すぐの1921（大正10）年2月に、その後の活動の出発点としての想いを綴った最初の著書『住宅に就いて』（石版刷パンフレット）を発行している。

「私は永い以前から吾々の住宅をもっともっと愉快な便利な而して楽しいものにしたいと思っておりました」の書き出しで始まり、欧米の進んだ住宅を視察し研究を重ねた想いを「住宅改良と云う事は吾々にとって非常に重大な問題」として高らかに記している。

「改良すべき事項は重大なことより漸次に片付けて行き、機会のある毎に次ぎ次ぎ改良するのが、結局早道であると思います」として「改良に就いて注意せねばならぬ主な点」として以下の11の項目をあげている。

1. 住宅に重きを置くこと
2. 猥《みだり》に外国の真似をせぬこと
3. 趣味を乱用せぬこと
4. 見栄をはらぬこと
5. 茶道
6. 腰掛の生活をすること
7. 間取
8. 衣、食

9. 台所、浴室、便所の設備
10. 床の間の廃止
11. 暖房の設備

「衣食住の内で住を一般の人は矢張り一番軽んずる様です」として「住宅」にこそ重きを置くべきだとし、「住宅のことに就いては、米国よりは英吉利《イギリス》、独逸《ドイツ》に参考になることが余程沢山あります」として欧米視察の経験を含め、みだりに外国の真似をすることを戒めている。

さらに「今利休が再生したら、後世語られる茶道を改良して、進歩した科学をもって、色々の新しい材料を巧みに応用して、吾々に風流で趣味ふかく実用的な生活の手本を示してくれたであろうと常に思います」として「衣食住を改良するには、茶道は非常に良い参考になります」としている。

間取については、「客本位でなくて家族本位の間取にせねばならぬことは勿論です」と大前提を提示し、「居間と寝室と食堂とは別々に設けねばなりません」と食寝分離をとなえ、「縁側を廃すること」により「雨戸はなくなって手間が省ける」と日本の古い住宅の不便さを解消することにも言及している。

「吾々は欧米人の様に、もっともっと科学的に衛生と云うことを考えねばなりません」「外国の住宅に比して衛生的設備の最も劣って居るところは便所」として水周りの改良について言及している。
また「普通の住宅では床の間を廃止して」「暖房設備の費用などに廻した方が遥かに楽しい住宅にできることは明らか」としている。

そして、1920（大正9）年12月2日に武田五一に招かれて京都帝国大学の工学部建築学科で「建築設備」の講師に着任、翌年助教授に任ぜられる。大学での講義を続けながら「我国住宅建築ノ改善ニ関スル研究」（博士論文）に取り組み、1926（大正15）年には工学博士の学位を取得、同年教授に任ぜられる。

大正末頃、疫病が流行したこともあり、医学の世界では、建築学よりもいち早く住居衛生や建築環境研究の論文が発表されていた。京都帝国大学医学部には雑誌「国民衛生」（藤井も論文を発表している）を主宰する戸田正三（後に藤井が自宅を設計している）がいた。健康重視の世論の表れとして「ラジオ体操」が始まるのも1928年11月のことである。藤井はこうした医者との交流からも多くの知見を得ていた。

こうして、日本の伝統的な住まいで経験的に行われてきた日本の気候風土に合わせる建築方法を科学的な目で捉えなおすことが、藤井の大きなテーマとなった。自ら着目し理論化した環境工学の知見を設計に盛り込み、居住し実証、改善を加えながら次々と自邸「実験住宅」を建てていったのである。

大きな転機となった関東大震災

『住宅に就いて』を発行した頃に藤井は、京都・大山崎の天王山の麓の約1万2000坪の土地（山林）を購入、新しい住宅地造りを模索し始める。ちょうどそうした時期に大きな災害が、近代化に邁進していた日本を襲う。1923（大正12）年9月1日に起こった関東大震災だ。明治維新以降、日本は、欧化政策のもと数多くの洋風建築を建ててきたが、その多くが大震災で一瞬にして倒壊した。その光景を藤井は震災後3週間の時点で視察し、親交のあった建築家・片岡安が初代理事長に就任し1917年に創立された関西建築協会（現在の日本建築協会）の機関誌「建築と社会」に一文「関東の震災を見て」（1924〈大正13〉年1月）を記している。

巻頭で「平素建築上に抱いている考を一層深くした」と述べている。文中から藤井の「考」を引用してみる。

・「吾々の建築は他を模倣したものでなくて、我国の気候、風土、習慣に、ピッタリと適合したものでなければならない。」
・「無条件で外国の建築を受けいれたものが、我国の気候風土に対して、如何なる結果を齎《もたら》すかは、申迄もなく明らかなことです。」

・「吾々が建築上に手本として、参考として居る国々、米国でも、英吉利でも、独逸でも、何れも日本よりは余程北に在って、冬を主として考えなければならないし、我国は夏を主として考えなければならないと云う様に、全く反対です。」
・「従来の建築に就いての考え方は、余りに美的方面に対してのみ意を注ぐ弊に陥って居り、且つ歴史に捉われ過ぎた傾向があるように思います。これは甚しい弊害を伴うものですから、もっともっと、構造設備の方面に注意し、完全な建物を造る様に期せなければならないと同時に、古い建築の様式から全く眼を離して、将来の新しい建築に就いて、考えなければなりません。」
・「建築学はもっと工学的と云いましょうか、実際的にならなければならないと思います。」
・「吾々は嘗《か》って先輩から建物を設計する時には、欧羅巴《ヨーロッパ》の古建築を参考とし、手本とせよと常に聞かされましたが、其手本となることは、僅かに一小部分であって、建築として最も重大なる点の、構造や設備に対しては殆んど参考になりません。」
・「現代の科学は細かく分類して研究されて居るので、深く進歩して行くのでしょうが、大体を総括して考える場合は少なくて、これが為に実際に応用した場合に於て、意外の結果を招く様なことが、屡々《しばしば》起こります。」
・「要するに建物を造る場合には単に一方面のみに気を取られないで、種々の方面に対して充分に顧慮する必要があると思います。」

藤井は、数年前に欧米視察を終え、京都帝国大学に着任して間もない時期に「関東大震災」における洋風建築の被害を目のあたりにし、それが、より深く「日本の建築」を意識することに繋がったのである。

1920年代に藤井は、大山崎町に購入した土地（山林）に、自らが家族と住む実験的な住宅を次々と設計し建てていった。木舞壁の2階建ての第3回（1922年）、土蔵壁・平屋建ての第4回（1924年）、そして最後に木舞壁の上に土を塗りクリーム色の漆喰で仕上げた平屋建ての第5回（「聴竹居」1928年）である。

「実験住宅」での実践の中から真に日本の気候風土に適合した住宅のあり方を科学的に環境工学の点から考察し、自著『日本の住宅』にまとめている。

今から90年ほど前に建てられた「聴竹居」は、時代を超えいつの時代にでも評価されうる「日本の住宅」としての普遍性を備えている。それはなぜだろうか。

藤井厚二は、竹中時代を含め25年間に50を超える建物を設計している。その大部分が「住宅」だ。住宅以外で現存するものは、京都・嵯峨野の「大覚寺心経殿」のみである。

また、環境工学の理論書『日本の住宅』（1928年）、さらに住宅設計の集大成・完成形として写真と図面で構成された『聴竹居図案集』（1929年）、『続・聴竹居図案集』（1932年）を著し、理論と実践の成果を世に発表している。さらに世界の気候風土と比べつつ、「聴竹居」を実例として図面や写真で紹介しながら、「日本の住宅」という考え方を欧米に紹介する英文書『THE JAPANESE DWELLING HOUSE』（明治書房）を1930年に発行し世界に発信している。同書中、藤井は床の間について、「日本の住宅内部の装飾は、非常に簡素だが趣味の良いものである。欧米の住宅ではしばしば絵画や彫刻が豊富に、しかし乱雑に並べられ、季節を通じて不変のままであるのとは非常に異なっている。このような方法で住宅の芸術品展示室をつくる代わりに日本の部屋は床の間と呼ばれるもの、すなわちアルコーブを持っている。それが部屋の最も目に付く部分を占めており、芸術品が中に配置されている。芸術品以外にも花やその他の美しい自然の品々がそこに置かれる。調和が日本の家の装飾の真髄であり、（中略）床の間では、そこに目を留める人への啓発のためにふさわしく配置された品物によって一種の無言劇が演じられている」という。また、縁側について、「日本の家では、主な部屋は外側に縁側があり、その上には大きく突出した軒があるため、部屋の内部と外部の境界線がどこにあるのか厳密にいうことは難しい」と記す。日本人の生活感覚にも触れる、注目すべき指摘だ。

藤井が世界に向けて発信したのは、「日本の住宅」は外部に対して閉じたハコではなく、人の営みと自然とを繋ぐデザインがその基本であるということだ。風景に馴染むような色や材料、形態に細心の注意を払って建物を周辺の環境に同化させ、窓からはすりガラスや障子を通した柔らかい自然光と四季折々の変化を見せる美しい風景を取り入れる。また縁側を設け、内部空間と周囲の自然を上手く融合させる中間領域を設える。さらに「茶」「花」「陶芸」などの生活文化を嗜み、自然と一体になることの豊かさや心地よさを綿密にデザインし、愉快に暮らす。それが、藤井の言う「日本の住宅」のありようであり、自らが完成形とした「聴竹居」を通じて私たちに伝えたかった「日本人の暮らし」の理想形だった。

藤井が世界の潮流にそっていたことを示すエピソードのひとつとして、1933（昭和8）年には、表現主義の建築家として有名なブルーノ・タウトも、「桂離宮」の訪問から一週間もたたない5月9日に「聴竹居」を訪れている。その日記に「極めて優雅な日本建築」「気持ちのよい階段」「この茶室は茶室建築の革新である」と記している。翌1934年にタウトも藤井による英文書と同じ明治書房から『ニッポン—ヨーロッパ人の眼で見た』を出版している。

藤井は、環境工学による住宅研究と実践をこうして確信し、世界へ向けて公表。その後も実作を次々と設計していった。そして1937（昭和12）年に完成した京都の中田邸「扇葉荘」が遺作となる。1938（昭和13）年7月17日没、自ら病床でデザインした京都嵯峨野の二尊院にある墓所に眠っている。完成形とした自邸「聴竹居」に住んでわずか10年の短い生涯であった。

藤井と同じ年に生まれ日本の伝統的な木造建築から近代建築のエッセンスを発見した建築家・アントニン・レーモンド（1888〜1976）は、戦後も目覚ましく活躍し、学生時代に「聴竹居」を訪れた吉村順三はじめ前川國男など多くの建築家を育てている。一方、同時代に関西にあって後に大成する建築家の村野藤吾（1891〜1984）は、藤井の僅か3つ歳下で、若い頃に影響を受けながらも倍近く長生きし、90歳代になる1980年代まで精力的に活躍したのである。

茶道、華道、陶芸を嗜み、家具、照明、書籍の装丁など身のまわりのあらゆるものを「日本の住宅」に合わせるべくデザインし、生涯「日本の住宅」の近代化に専念した藤井厚二が、もし長生きしていれば「現代の住宅」の様相も大きく変わっていただろう。本当に残念だ。

藤井の建築思想を形成した１９１０〜１９２０年代という時代

藤井厚二が東京帝国大学を卒業し、竹中工務店に入社し、自らも研鑽を積みながら当時近代化を急いでいた設計部の基礎を築き、退社後、欧米視察に出かけたのが、ちょうど１９１０（明治43）年から１９２０（大正９）年にかけてである。

では、藤井の「建築思想」の骨格を固めたこの１９１０年代とは、建築史的にはどういった時代だったのだろうか。

建築史家の藤森照信さんは、「建築20世紀　新建築創刊65周年記念号」（１９９１年　新建築社）」の中で、この時代を「歴史家としての好奇心からいうと、これくらい面白い時期もない」とした上で、「以上が、１９１０年代の概観である。様々な流れが登場するカオスのような時期にほかならないが、その造形に共通した性格を探せば、全体構成あるいは部分意匠における『幾何学的傾向』であろう。表現派のような一見幾何学からは遠い表現でも、その曲線の動きはアール・ヌーヴォーの流動曲線に比べるとはっきりと幾何学化している し、表現派の細部意匠に幾何学的文様を探すのはさして難しくない。この幾何学的傾向は、やがて後の1920年代に入るとふたつの方向をはっきりさせ、幾何学を全体構成の原理とするインターナショナル様式と幾何学を細部の装飾原理とするアール・デコ様式が生まれるであろう」としている。

藤井が実現した「聴竹居」をはじめとした住宅のデザインには、まさに「幾何学」がその中心に存在している。同時代を生きた同年生まれの建築家、ヘリット・リートフェルト（1888〜1964）も、幾何学的抽象絵画のモンドリアンを連想させる、世界文化遺産にもなった「シュレーダー邸」を1924年に完成させている。まさに現代の建築のルーツ「モダニズム建築」は、それまでの様式建築を「幾何学」によって構成することで、新しい世界に通じる様式を生み出そうとする動きだったのである。

藤井厚二の生きた時代の同時代性について

人は生まれ育った時代に大きく影響されて人生を歩むことになる。次に示すのは時代ごとの特徴を明治時代に活躍した建築家や著名人を第1世代から戦後に活躍する第4世代に分けたものだ。

明治政府の意向を受けて東京帝国大学建築学科の草創期に卒業する辰野金吾は、東京駅や日本銀行などのまさに明治を代表する国家的な建築の設計に携わっている。それは西欧列強に追いつくための西欧化、近代化を推進する使命だった。

藤井厚二の師として多大な影響を与えた伊東忠太や武田五一は第1世代のあとを追うように近代化を推し進めるのだが、一方で近代化に邁進することに疑問を持ち始めた世代だった。武田五一も留学先の英国での洋式建築に飽きていた時にアール・デコに出会い、のちにフランク・ロイド・ライトに出会っている。

そして、藤井厚二の世代は真の「日本」に気づき、それを取り戻しながら近代化を進めていこうとした。日本人の心をとらえた名著『陰翳礼讃』を著した谷崎潤一郎もこの世代にあたる。戦後に活躍する前川國男や吉村順三といった第4世代にもこうした考えは共有されていく。

<第1世代>　明治時代に活躍　「西欧化＝近代化の推進」
・辰野金吾（1854〜1919）・福沢諭吉（1835〜1901）
<第2世代>　明治の終わりから大正時代に活躍　「日本の近代化に加担する自分自身への疑問」
・武田五一（1872〜1938）・伊東 忠太（1867〜1954）
・夏目漱石（1867〜1916）

・フランク・ロイド・ライト（1867～1959）
・チャールズ・レニー・マッキントッシュ（1868～1928）
＜第3世代＞　大正から昭和の初め（戦後も）にかけて活躍
「すでに近代化された日本」と「古き日本への郷愁」
・藤井厚二（1888～1938）・村野藤吾（1891～1984）
・堀口捨己（1895～1984）・ル・コルビュジエ（1887～1965）
・アントニン・レーモンド（1888～1976）
・ヘリット・トーマス・リートフェルト（1888～1964）
・谷崎潤一郎（1886～1965）　『陰翳礼讃』
＜第4世代＞　戦後活躍
・前川國男（1905～1986）・吉村順三（1908～1997）

「日本の住宅」を実現するために古今東西のあらゆるものを貪欲に吸収

建築物、図面、論文、著書以外には資料が乏しく、藤井厚二の思想や行動についての全貌を捉えることはなかなか難しい。

竹中工務店を退職した直後、1919（大正8）年と翌年にかけて武田五一の勧めにより「建築に関する諸設備および住宅研究」のため欧米を視察、藤井はモダニズムデザインの萌芽と最先端の建築設備を目の当たりにする。その成果は、建築家、チャールズ・マッキントッシュの設計した住宅「ヒルハウス」にある壁埋め込みの時計のデザインを参照した「聴竹居」の時計や、スイスから輸入した電気冷蔵庫などにみてとれる。

一方で、今般「聴竹居」に遺された藤井の資料の中から藤井が日本の伝統的な建築についても、かなり詳しく調査していた遍歴を示すものがふたつほど見つかった。

ひとつは、京都帝国大学に着任した藤井が「法隆寺」「東大寺」「唐招提寺」「室生寺」などを10日ほどかけて、写真撮影をしながら調査していた旅程メモ。今ひとつは、ブルーノ・タウトが1933（昭和8）年に来日し絶賛して注目された「桂離宮」や「修学院離宮」の写真資料である。また、「茶室」に関して、古文書を収集すると共に千利休の茶室「待庵」を実測するなど詳細な研究をしていたことが明らかにされている（「知られざる名作　もうひとつの閑室をめぐって」西澤英和　「SD」2000年9月号）。これらの数多くの第一級の「古建築」視察・実測・写真撮影などの作業を通じて、永い年月を経て日本の気候風土に適応してきた日本の建築のあり方を貪欲に吸収していた姿が浮び上がる。

西川一草亭との出会い――自然環境と生活文化を起点にした「住」の美意識

藤井は生花を壽子夫人と共に西川一草亭に学んでいる。

西川一草亭は、「洋花を大胆に取り入れた小原雲心の盛花の形式主義にとらわれ、自然を対象化して色彩を重視する主張を批判し、自然の心に随って、自然の主体性を表現する花を標榜していた」(「1930年代・西川一草亭　中村利則「淡交」No.478　1986年5月1日発行)。1926(大正15)年、西川は、枯渇する学究達に〝日本的なもの〟への傾斜を促し、日本文化を語り合うサロンを提供する庵居「去風洞」を開いた。

そこには、夏目漱石、富岡鉄斎、浅井忠をはじめ多くの文化人・知識人が集っていた。その去風洞の機関誌が「瓶史」であり、藤井も「床の間」の論考を寄せている(1931〈昭和6〉年3月20日)。

その中で藤井は、西川の講話を引用しながら以下のように綴っている。「『つまり生花の要領は何であるかと云いますと、私は結局少しの物を生かして用いると云う事に帰するだろうと思います』とありますが、之は現代の全ての道に対する要点で、――中略――建築に於ても、僅かな材料を適当に使用して、最も大なる効果をあげればそれでよい訳ですが、――中略――何も置かないで、単に花器に一枝の花を挿して置くのみで、高雅なる気分の横溢するような床の間の造らざることを切に希望いたします」。

藤井は、「床の間」が西洋の暖炉と対照して日本の住宅建築では室内の中心とした上で、空間に変化を与えるために「最も効果のある方法は、平面で区画した種々の凸凹のある空間を造ることで、即ち畳の一枚分或いは二枚分の面積に於て、床の間を設ければ、種々の面白い変化を与えます」としている。さらに、床の間の歴史に触れた後、「現今の普通の住宅で造られている床の間は面白みが少しもなくて、一定の型にはまって、極めて単調に陥り冷たい感を与えるものが多く、隅々の変化を求めたものは複雑で騒々しい感を与えます」とし、具体的な欠点として、「一般に使用する材が太すぎること」「使用する材料そのものの性質と他との関係について不注意であること」をあげている。

藤井は「日本の住宅」の空間として「床の間」の重要性を主張すると同時に、西川一草亭に学んだ「簡素で豊か」という基本的な美意識を提示しているのである。藤井厚二と親交の深かった堀口捨己もまた西川一草亭と出会い、共同で住宅の設計にあたっている。「分離派を興し、近代建築運動の旗手でもあった堀口が、この1930年代に、数寄屋の本質に非古典性と反古典性の存在を知り、近代美意識に通底する民族主義へとゆれうごく。この変容の分節に一草亭を忘れてはならない。やがて堀口は『利休の茶室』に代表される茶室研究を大成し、また夭折した藤井厚二を継いで、日本住宅の正道を確立する。その藤井と堀口の間に一草亭がいる」（1930年代・西川一草亭　中村利則「淡交」No．478　1986年5月1日発行。1926〈大正15〉年）

「日本人が、日常的な、身のまわりのものに美を見出し、それを芸術形式に仕立てるという、ある意味ではスケールの小さい、しかし文化の形式からいうともっとも先取りした形のものを生み出した――中略――日本人が生活を様式化し、あるいは生活のなかに様式美を見出した最初は、文字通り生活の場である座敷の美学の発見にあったといえると思う。」（「生活における日本の様式美」村井康彦『日本人　住まいの文化誌』ミサワホーム総合研究所編1983〈昭和58〉年）。明治になる前の日本には、豊かな自然が織り成す四季の変化と呼応しながら、日常の生活の中に（まさにそれは住空間）、美を見出し芸術形式に仕立てる「花」「茶」をはじめとする生活文化がしっかりと根付いていたのである。「花」や「茶」を通じて日本文化の特徴が生活文化にあることを藤井は学び、「住空間」に対する美意識を確かなものにしていったのだろう。

生活全体をデザインした藤井――「日本の住宅」の美意識――

ところで、私自身が初めて「聴竹居」を訪れたのは1996年のある夏の暑い日だったのだが、その時、「日本に適した住宅のデザインとして、こんな解決方法があったんだ」と感じた。和風でもなく、といっても洋風でもなく、今なお90年の時間を越えても日本人の我々の感覚に適合した住宅として存在する。

こうした感覚は、何処から来るのだろうか。

それは、藤井が「茶」「花」そして「陶芸」を嗜む中で、あくまで日常生活の中に美を見出していたことにヒントがあると思う。日本人は古来、恵まれた自然の織り成す四季の変化に美を発見し、衣・食・住に取り込んできた。京都や奈良の古建築、世界のモダニズム建築の潮流を十分に探求していた藤井には、この美意識こそが、世界に通じる「日本の住宅」創造の起点になると確信していたのではないだろうか。

事実、藤井は、大山崎の約1万2000坪の広大な敷地に、実験住宅以外にも小住宅3軒、大工小屋（住みこみの大工用）、車庫（運転手を雇ってオペルを愛用）、窯（「藤焼」と名づけた陶芸）、プール（25×6ｍのコンクリート製の本格的なもの）、テニスコートなどを設けると共に、地下水を汲み上げた簡易水道による小川や滝、水車のある傾斜を生かしたランドスケープも実現し、建築だけではなく、家具、照明、絨毯、陶器、自著の装丁など生活のあらゆるものをデザインしているのである。

藤井の目指したもの、それは「我国独特の住宅建築様式を確立する（の刺戟ともならば、洵に望外の幸です）」（『聴竹居図案集』）だった。そのために、環境工学の理論書『日本の住宅』（1928年）、さらに住宅設計の集大成・完成形として写真と図面で構成された『聴竹居図案集』（1929年）、『続・聴竹居図案集』（1932年）を著し、理論と実践の成果を書籍として世に発表している。そして、1930年には明治書房から、この3つの書物を統合し英訳した『THE JAPANESE DWELLING HOUSE』を発行し世界へ発信している。

藤井厚二著『THE JAPANESE DWELLING HOUSE』は、内容的には、日本の気候風土の特徴を概説したうえで、図面と絵や写真で完成形としての「聴竹居」を実例として掲載しながら、藤井の志向した日本の気候風土と日本人のライフスタイルや趣味に適合した「日本の住宅」の思想を紹介している。

ここでは、この『THE JAPANESE DWELLING HOUSE』の内容を概略紹介することを通じて「日本の住宅」という藤井の設計思想について考察したい。２００９年秋（東京）、２０１０年春（大阪）に開催された『「聴竹居」と藤井厚二展』にあわせて、全文の日本語訳を試みた（日本語訳：松原祐美子・竹中工務店東京本店設計部所属）。以下にその抜粋を掲載する。

（注：理解を助けるために原文にはない内容を示すタイトルを＜　＞で付した。）

『THE JAPANESE DWELLING HOUSE』BY DR.KOJI FUJII,

序文

＜出版の意図＞

２５００年以上の歴史を持つ日本の住宅は、世界中の同種の建築の中でも、無類の優れた特色を有している。

日本の住宅の顕著な特色は欧米の影響を受けずに遺っている。これらの特色を世界へと紹介することにより、多くの建築家にとって参考となる貴重な素材を提供できるばかりか、日本の生活や文化に深い関心を持つ人々にとっても、興味深い研究の主題を提示することができるだろう。本書の中で著者は、自らが自分自身と家族のために設計した、住宅と道具のデザインを紹介する。同時に、建築についての著者の意見を示すことにより、日本の住宅建築の特色を実例で説明し、日本趣味について詳説することを意図している。

I．日本の住宅

1．〈其の国の建築を代表するものは住宅建築である〉

日本の気候

現代において、建築的観点から見た住宅建築は、非常に重要な位置を占めるようになっている。宗教建築が目立った進歩をとげ、隆盛であった時代もあるが、現在はいずれの国でも、其の国の建築を代表するものは住宅建築であるといっても差し支えないだろう。

簡単にいえば、日本は現在移行の時期にあり、独自の完成された建築様式を持たないのである。

日本の住宅の特色について知りたいと願う全ての人にとって、最初に注目するに値する点に限って考察を進めたい。

住宅は居住を目的とするので、その構造形式は住む人の感覚や風習、習慣、趣味に従って差異が生じなければならない。また、その土地や気候や風土に対応して建てられるべきなのも、当然のことである。

＜気候風土による要求条件＞

人類は平均体温が摂氏約37度の恒温動物である。

外界が、この恒温を維持するために好ましくない要素で満ちている場合、これらを自由に調節し改善し、我々の生活機能が静かに円滑に営まれるような環境を周囲に作らなければならない。

屋内気候を形成するために必要となる様々な企ては、建築的な視点から極めて重大である。現代の住宅に対する要求は次第に複雑になっているために、この基本的な必要性が、しばしば無視される。従って、第一に我々の日常生活にふさわしい空気の状態を作り出すことに注意をむけなければならない。

気候とその変化の状況は、地球上いたるところで相違している。科学が一層進歩しても、それらを建築的手段によらず、機械的装置によって調節することが可能になるのは、やはり、ずっと遠い将来のことに違いない。このような事情から、望まれる特殊な気候状態を建築的努力により作り出す必要性は、長期にわたって存在し続けるだろう。

2.〈人類の日常生活に最も適する気候〉

気温、湿度、気流の相関的な状態によって、我々は快不快を覚えるのである。我々の周囲で空気の温度と湿度が上昇すると、人体からの放熱作用が妨げられ、呼吸が困難となり、体温が上昇することにより、不快感が引き起こされる。換気に乏しい部屋における不快感は、高温多湿と気流の不足に起因するのである。

最適な状態とは、気温18℃で相対湿度100%、または気温25℃で相対湿度0%の場合と同程度の快感を与えると結論される。

世界各国において、先述の標準は、人体に対する大気の状態の適否を判断する際に適用できる。そして、美的・科学的に調和した住宅建築における屋内気候形成のために、これを指針とすべきである。

3.〈高温多湿な日本〉

全ての地方において、高温で多湿である。

日本の気候を詳述するには、日本各地の土地のいずれかを選び日本の気候の代表としてもよいわけだが、東京、京都、大阪の三都市は全ての意味においてわが国の重要な中心であり、且つ、これら三都市の気候の平均は45地方の気候の平均にほとんど等しい。このため、これら三都市の気候を日本の代表的気候として以下に示す。

夏の気温は大変高く、しかも長期間にわたり持続する。

世界の各地では、夏季に高温少湿、冬季に低温多湿となるのが一般的な現象である。それが原則であるにもかかわらず、日本の場合は例外で、多くの地方で冬季に少湿となり、いずれの地方でも夏季には多湿となる。降雨量に関しても、日本と欧米諸国の間には甚だしい相違がある。欧米諸国では少量であるのに対し、日本では多量である。

要するに、日本において外気の状態は、春季秋季には快適に過ごせる標準気候に近い場合も多々あるが、夏季には高温多湿、冬季には低温少湿となり、標準気候の状態は著しく少なくなる。さらに、この二つの季節を比較すれば、夏のほうがより悪い。

＜日本と欧米の気候の比較＞

日本の気候を諸国との比較によってより明確にするため、英、独、仏、及びアメリカ合衆国の気候を以下に詳述したい。

英、独、仏、および北米合衆国においては、冬季に快適な生活を目指すことのほうが比較的苦労を要する。したがって、冬季に快適性を確保するための、種々の巧妙な方法や手段については、徹底的に研究が行われてきた。

日本の住宅建築においては、夏季の要求について第一に研究が必要である。屋内気候が外気の高温多湿の影響を受けることを防ぐよう、注意しなければならない。また、直射日光により、建築物の外面と周囲が非常に高温になっても、屋内には適切な涼しさを保ち、人体から発散する熱及び水分の悪影響も排除するために、各室の通風を可能な限り効果的にしなければならない。

例えば、死亡率は7月と8月に最も高くなり（※藤井は当時のデータとしてグラフと共にこのように記述している）、これらは日本では最も暑い月である。

日本では、夏季の生活の快適性を確保するという問題に特別な注意を払う必要があるという事実を正しく認識することが、日本の住宅の研究における第一歩となる。

Ⅱ．著者の住宅と、その周辺環境

日本の住宅について

日本の気候とその変化について満足な知識を得た上で、日本の住宅を研究したならば、その特徴についての全般的な考えをまとめることはできる。しかし、より良い解説のために、私が自分自身と家族のために建てた家の写真や図版を用いて、日本の住宅の特徴的な点について細部まで詳説し、同時にそれについて私の見解を述べたいと思う。

＜建物の構成について＞

本屋は住宅の一般的な用途に供するよう設計されている。一方で別館は、特殊な構成となっており、伝統的な茶室と同様に、静寂を楽しむことを目的とする。私はこれを「閑室」と呼ぶ。この別館は、日本独特の建築的趣味を体現しており、私は瞑想的な気分の時や、親しい来客との会話や食事の際にここへ通う。

＜屋根の形状について＞

この屋根形状を選択したのは、建物中央の屋根裏を換気するために、切妻部分に向い合わせに配置した窓を設けたいと考えたためである。屋根は軒の出を深くするためにも、建物の外観を周辺環境に調和させるためにも、緩やかな勾配とする必要があるため、葺上げ材料には銅板を主に用いて、１００分の21の勾配とした。銅板のみでは屋根に十分な重量が加えられないため、棟およびその付近は瓦葺とし、より急な

１００分の45の勾配とすることにより、十分な換気のための大きい気積を得ると共に、重量を補っている。夏季に屋根面より室内に伝えられる高熱は、屋根裏の換気を確保することによって中和され得るが、それでも室内を可能な限り涼しく保つことが望ましいため、屋根裏上部では銅版葺の野地板を二重に張り、その厚さを４㎝として、外気温が室内の気温に与える影響を軽減させた。軒や傍軒などの下に張られた野地板は薄いため、各立面の図に示すように、銅板葺の屋根面は軒の上部から一段と高くなっている。

＜平面計画について＞

一般的に、各室の配置として最良なのは、全ての部屋が南に面するようにして、可能な限り日光を取り入れることだが、日本においては、夏季に直射日光を避けることが必要であり、一方で冬季には可能な限り日光を活用しなければならない。

中庭を計画する手法は、夏季の換気を確保するために、断固として避けなければならない。

敷地の地形や周囲の状況は、住宅において各室の配置を計画する際に重要な要素であり、配置図から理解することができる。

１．８人の人間が快適に住むのに十分な大きさとすること。

2. 来客の応接用の部屋に当てる空間を可能な限り減らし、家族の快適さを第一に目指すこと。
3. 畳式の生活を、カーペット式の生活に対する補助的なものとすること。
4. 木造平屋の建物とし、建物のサイズを可能な限り小さくするために、調理と暖房のための電気器具を取り付けること。
5. 夏季の生活の快適性を第一に考慮すること。

＜木造平屋建て＞

日本では古代から材木の豊富な供給があったため、殆どの日本の建築物は主に木材からなる。平屋は、日本では時に破壊的な被害を引き起こす地震への用心として望ましいばかりか、2階建てに比べて生活の能率が大幅に良くなる。

＜窓について＞

窓の主要な目的は、光を内部に入れることと換気を促進することである。しかし日本のように、自然の特色が変化に富んでいるために、良い風景が豊富にあり、また造園が非常に一般的となっている国では、多くの場合、窓には内部の人々が周囲の景色を見ることができるようにするという、もうひとつの主要な目的がある。現在の日本の建物で採用されている一般的な窓の形は、開き窓、上下窓《あげさげまど》、引違窓である。開き窓と上下窓は欧米の西洋建築物から模倣されたものであるのに対して、引違窓は古代から日本の建物に用いられてきたものである。

この形式は、外部の景観を眺めるための窓や、夏季に多くの換気を行うことを意図した窓にも適している。もう一点、引違窓が他の形式の窓より優れているのは、壁のどの部分にも配置できるという点である。

これらの利点を考慮して、私は引違窓を改良した形を採用することを推奨したい。

＜紙障子の効用＞

紙を透かして輝く日光は身体的に好ましく、美的に魅力のあるものである。そして更に、紙障子はカーテンより効果的に、冬には部屋を暖め、夏には部屋が直射日光に晒されることを防ぐ。改良型の引違窓は、日本の住宅に見事に適合するばかりか、多くの場合において、現在は引違窓が知られていない外国の建物に対しても、他のどの種類の窓より好都合に用いることができるように思われる。

＜色彩の日本趣味＞

主に石や煉瓦で建てられた多くの名高い建造物を持つ欧米諸国の人々にとって、材木や竹などの類で建てられた日本の建物の利点を十分に評価することは難しいかもしれない。また、一般的に鮮やかな（ｒｉｃｈ）色彩に馴染んだ欧米の人々にとって、パステル調の色合いや簡素な優美さを好む日本趣味を理解することも簡単ではないだろう。しかし、簡素さと優雅さの完全な醸成である茶室は、日本で発達したあらゆる建造物の様式のうち最も素晴らしいものである。

＜閑室設置の勧め＞

閑室は、文明的生活の騒音やせわしさ、世間的な心配を忘れ、静かで平穏な黙想を楽しむことを意図している。現代的な生活において、周囲の忙しい世界から自分自身を完全に引き離し、安らかな身体的・精神的休息に没頭することは、誰にとってもますます難しくなっている。そのため、たとえ一時的にでも、このような種類の簡素な建築物が、文明化された国々の住宅には必要なように思われる。

＜椅子座と床座の併設＞

日本における生活の様式は、非常に異質なものである。この国では、明治維新の後に突然外国との交流が開かれ、西洋文明が熱心に輸入された。その結果、日本人の生活様式に広範囲の変化が訪れた。欧米の習慣のいくつかは、適合させるための努力なしに、即ち日本化することなしに、そのまま模倣された。同時に一方では、古風な様式や習慣が変わらず残っている点もある。私的生活において起こった注目すべき変化として、日本人は着物を着て畳に座るという古い習慣に固執する代わりに、洋服を着て椅子に座るという外国の方法を採用するようになったことがある。公的生活においては、椅子を用いるのが世界的な流儀であり、日本においても公的生活に関する限りは、畳に座るという古い習慣は事実上姿を消した。この習慣の変化は、日本の住宅にも影響を与えた。現在では多くの人々が、座り方の双方の方式を生活空間で採用している。そして場合によっては、椅子のほうが主として用いられている。しかしながら、畳に座る古い習慣を完全に放棄する人は稀である。

日本人は私的生活において清潔さを強く愛好しており、汚れたものには敏感であるので、たとえ家の中では椅子が使われたとしても、屋内と屋外で同じ履物が使われることを感情的に不快と感じるのである。

椅子と畳が家の中で共に用いられる場合、各々に別個の部屋が用意されるのが通常だが、私の意見では、一室に椅子と畳両方を備えるほうが便利である。

＜壁について＞

壁は、外界気候に起こる変動にかかわらず屋内気候を適切な状態に維持する上で、最も重要な役割を持つもののひとつである。

日本の建築家達が壁の研究において特に熱心に確かめたいと願っているのは、比較的高い気温の場合についての結果である。つまり、彼らが知りたいのは夏季に外部の壁表面が直射日光に晒され、輻射熱を吸収して熱くなり、さらに空気の対流と、大地や周囲の物からの輻射の影響を受けた際の、屋内の気温についてである。

私は木造の建物に土壁を採用することを主張したい（徹底するには長い時間がかかるとしても）。しかしながら、私が採用しているのは、改善した土壁である。この壁は、家の内部のみから見える柱の外側に置かれている。その外部表面を固めるために漆喰が用いられ、一方内側の表面は、漆喰の最後の上塗りが省かれ、温度と湿度を調節するために相当有用な、和紙が貼られている。

＜屋根について＞

屋根の主要な目的は、家を雨や雪などから保護することである。降雨量の多い日本では、水を取り去るために可能な限りの便宜を図ることが重要である。壁と同様に、外界気候とその変動に関して屋内気候を調節するために、屋根は非常に重要な役割を持つ。この目的のために最も適した屋根材を決定することは易しいが、目的のために必要となる材料を定量的に決定し、必要な屋根葺の方法を決定することは、非常に難しい。

私の意見では、最も有効な方法は天井と屋根の間の空いている空間、つまり屋根裏を利用することである。

私の意見では、屋根に窓を設け、暑い季節の間は屋根裏の換気を良くするためにそれを開けておくことが非常に重要である。

＜床の間について＞

日本の住宅内部の装飾は、非常に簡素だが趣味の良いものである。欧米の住宅ではしばしば、絵画や彫刻が豊富に、しかし乱雑に並べられ、季節を通じて不変のままであるのとは、非常に異なっている。このような方法で住宅の芸術品展示室をつくる代わりに、日本の部屋は床の間と呼ばれるもの、すなわちアルコーブ（※壁面の一部を後退させてつくったくぼみ状の部分）を持っている。それが部屋の最も目に付く部分を占めており、芸術品が中に配置されている。芸術品以外にも、花やその他の美しい自然の品々がそこに置かれる。調和が日本の家の装飾の真髄であり、従って芸術品は、それ自身がいかに優れたものであっても、その存在が部屋の調和を乱す傾向がある場合には装飾の目的に適さないと見なされる。

日本の家の装飾的効果は、非常に複雑で繊細な性質であり、洗練された精神を喜ばせるものである。

床の間では、そこに目を留める人への啓発のためにふさわしく配置された品物によって、一種の無言劇が演じられている。

床の間の中央部分に、訪れようとする季節に関係するものを表現する、あるいは暗示してその到来を歓迎する。

＜軒と庇の重要性＞

日本の気候という観点から見ると、庇と大きく突出した軒を備えることは必須である。これらは夏季に直射日光を防ぐ役に立つだけでなく、雨季（6月中旬から7月初旬にかけて起こる）にも非常に有効である。これはこの不愉快な季節において、雨天にも屋内の陰鬱な雰囲気をできるだけ改善するべく、窓を開け放しておけるための用意である。また、壁が濡れることなく、建物の傍の地面や床下の土が湿気を免れるのもこれらのお陰であるので、庇と軒は可能な限り効果的に作らなければならず、またそうすることは実に簡単である。日本では、既に説明したように、気温と湿度が共に高く降雨量が非常に多いため、窓の上に大きく突出した軒と庇を持っていなければ、住宅と呼ぶに値しないと言っても誇張ではない。

＜一屋一室＞

日本の住宅では、可能な箇所では部屋の間仕切りのための壁は省かれる。そして代わりに、２つから４つの引き戸が間仕切りの目的で用いられる。

紙の１枚１枚の間に多数の空気層があるために、気温と湿度を調節するのに効果的である。また襖は非常に軽いので、部屋の換気を促進するために広い空間を開け放つことが容易にできる。更に、取り外すことも楽にできるので、必要な時はいつでも、いくつかの小さな部屋をひとつの大きな部屋に変えることが可能である。襖の上部には欄間窓が設けられ、夏季には屋内の空気の自由な動きを確保するために、これを開けておく。この装置は、気流と気積に関する限り、家の屋内全体を一つの部屋とする。

比較的隙間の多い板張天井が日本の部屋には一般的に用いられるが、こうしたことから、日本の住宅はひとつの家が一室からなるのと類似した計画で建てられていると言っても誇張ではない。

厳格に間仕切る必要のある部屋、つまり厨房、便所や浴室を除いて、全ての部屋は、夏季に自由な換気のために夜間まで開け放てる設備を備える必要がある。そしてもし可能なら、家全体がいわば一室となるようにする。この間仕切りの方法は、完璧な暖房設備を持つ欧米の家においても、しばしば有効に用いることができると考える。

＜静かで簡素を好む日本人の建築的趣味＞

日本人の建築的趣味は、欧米の人々のそれとは非常に異なっている。我々は住宅の中で、色彩を多く用いることを好まない。それは、色彩が神経を興奮させる傾向があるためで、むしろできる限り刺激となる効果を排除し、静かで簡素なものとすることを好む。ここで、日本の建築的趣味の特徴について述べたいと思う。

材木が建築の主な素材を構成し、木の最高の品質を引き出すよう、賢明かつ巧妙に用いられる。土や紙を含む他の全ての素材もまた、自然の美しさと強さという点で素材の最も良い特徴を引き出すように扱われる。

より柔らかい種であるヒマラヤスギやイトスギの白木が一般的に用いられ、そのため日本の家の室内は全体に、暖かく柔和な印象を与える。外観もやはりとても魅力的なもので、石と煉瓦による建物の特徴である厳格さはない。日本の住宅は、壮大で感動的な様子は持たない。ただ、見る者全てに慕われるような魅力がある。更に、コンクリートなどの人工的な素材が比較的少ないために、より容易にありのままで周囲の自然に順応する。

部屋全体が、壁と戸によって垂直に分割され、天井と床によって上下に水平に分割されるというように、四角に区切られているために、部屋の全体的な様子は単調になる。

日本の建物では、複雑な曲線の表面は非常に稀にしか用いられない。全ての面は平面で分割され、単調さを破るために、平坦な表面はところどころで分割される。この手法は、壁から突出した暖炉や出窓に見られるように、欧米の建物でも採用される。ある流派の欧米の建築家たちは、部屋の様子に変化を与える目的で、曲線の表面という手段の代わりに、近年この手法をより自由に用いるようになっている。

日本では古代から好まれてきた手法であり、日本の住宅における、異なった高さや傾きを持つ天井や、「吊壁」、平坦ではない表面の壁、「袖壁」といった手段は特に注目に値する。一般的に用いられている手法は、平坦な面を持つ「床の間」を、部屋の最も人目につく部分として備えることである。床の間は「床」と「床脇」というふたつの部分から構成され、床脇には棚と小さな空戸棚が備え付けられる。この方法により、小さな寸法で平坦ではない表面を持ついくらかの空間が生み出され、部屋の全体的な様子に変化と魅力を添えるばかりか、部屋にものを置くことを可能にしている。日本の家では、主な部屋は外側に縁側があり、その上には大きく突出した軒があるため、部屋の内部と外部の境界線がどこにあるのか、厳密にいうことは難しい。結果として、外部の要因によって屋内の状態に生じる変化は、複雑な性質のものとなる。窓が開いている時でさえ、欧米の住宅と日本の住宅の間には、室内の光の分布と方向に関して際立った違いがある。

光を透過する和紙は、光を室内に拡散させるために最も適している。

窓枠とガラスを用いた欧米の家の部屋では、光が何かきつい印象を与えるのに対して、日本の部屋では何か柔らかい印象を持つのも、部分的には、日本の住宅では高い光拡散率を持つ和紙を通して部屋に光が取り入れられるという事実による。

和紙を通した光を用いることにより、同様の柔らかな雰囲気を、電灯による夜間の照明にも与えることができる。電球に様々な装置を付加することで、例えば、光源を半間接的または間接的として、拡散した光を生じさせることができる。

欧米と日本の部屋において、得られる全体的な感覚は大きく異なっている。前者は明るさの印象が優勢であるのに対して、後者は概して安らぎの感覚を与える。主にある明確な方向へ向かう光によって照らされる代わりに、広く拡散された光によって照らされているためである。これは、日本の住宅のひとつの顕著な特徴である。

和紙は気温と湿度の調節のために非常に効果的な手段である。

日本の住宅においても、住宅の計画で非常に重要な紙という要素がもし取り除かれたなら、魅力的な特徴が奪われることになる。

藤井厚二の設計思想「日本の住宅」が現代へ問いかけること

以上、1930（昭和5）年に世界へと発信された藤井厚二著『THE JAPANESE DWELLING HOUSE』の内容を日本文の要約により概説した。そこには、日本の気候風土や日本人の育んできた自然と共生した暮らし方などから導き出された「日本の住宅」のあるべき姿が実にクリアーに論述されている。そのひとつひとつが今の我々にも十分に説得力を持って鮮烈に訴えかけてくる内容のものばかりだ。それらが説得力を持つのは、戦後のアメリカ文化の導入によるライフスタイルの激変と国籍不明の住まいが溢れた現代においては、全く「日本」を意識することがなくなってしまっていることに気づかせてくれるからだ。

確証は得られてはいないが、来日して日本の建築家に多大な影響を与えた建築家・ブルーノ・タウト（1933年来日、「聴竹居」訪問）や戦後まで活躍する建築家・アントニン・レーモンド（1919年に建築家・フランク・ロイド・ライトと共に旧帝国ホテル設計のために来日、藤井と同年生まれ）も、この藤井の英訳された著書に触れて、彼らも希求した「日本の住宅」の思想をより深く知ったのではないだろうか。

藤井厚二の「日本の住宅」の完成形「聴竹居」に、縁あって私が1996年に出会ってから22年になる。2008年春からは地元・京都府大山崎町の有志の方々と共に保存活用を始め、より積極的に関わるようになった。四季を通じて何度も通い、数多くの見学の方々から感想を伺ううちに意を強くしたことがある。「聴竹居」に佇む。とても居心地がよく心も体もとても癒される。その感覚は何処からくるものだろうか。

昨今「聴竹居」は、特に環境共生住宅の原点ともいわれているが、現代建築とは異なり環境技術（個々の要素技術）が決して表に出ることもなくディテールにまで拘った和と洋そしてモダンなデザインの中に完全に溶け込んでいる。

しかし、「聴竹居」に住んでわずか10年でこの世を去り、藤井の目指したものは道半ばで尽きる。藤井が短い生涯で設計し現存する住宅が規模の大きいものばかりであるために「豪邸ばかりを設計した」と誤解されているが、実は、「聴竹居」を訪れた客人に対し、延べ15～19坪といった小住宅のプラン集「住宅に就いて 三」を配布していた。それは、藤井の志向した思想「日本の住宅」を普及させせんがための方策のひとつだった。

さらに住宅に留まらず、茶道、華道、陶芸を嗜み、家具、照明、書籍の装丁など身のまわりのあらゆるものを「日本の住宅」に合わせるべくデザインし生涯住宅設計に専念した藤井厚二がもし長生きしていれば「現代の住宅」の様相も大きく変わっていただろう。

現代の住宅は家電製品をはじめ溢れるばかりのあらゆるモノ、そして、様々な情報に専有されている。しかし、がらんとした「聴竹居」に佇んでいると、藤井が師事した華道家・西川一草亭の言葉「少しの物を生かして用いると云う事に帰する」を思い起こし「これでいいんだ」と思えてくる。戦後の日本は、社会の繁栄と進歩の目標として「経済成長」を唯一の是として右肩上がりで進んできた。しかし、住宅ひとつを例にとっても現在の我々の住む住宅をはじめとする住環境が少しでも戦前の藤井の生きた時代から進歩したのであろうか。豊かさと思わされていることを獲得する一方で、大事なものを知らず知らずに失ってきたのではないだろうか。

ゆったりとした時間が流れ、豊かな自然に抱かれ、空間が息づいている「聴竹居」。いま、本当に考えなければならないことは、古来から日本人の心情として息づいてきた「簡素で豊か」を、人間形成の基本単位である住宅そして生活文化に取り戻すことではないだろうか。

藤井厚二の遺した建築はそのほとんどが個人住宅であるために小さく目立たない。しかし、「其の国の建築を代表するものは住宅建築である」として生涯「日本の住宅」の理想を求め、世界に向けて発信したその意思の持つ現代的な意味はきわめて大きい。藤井の遺した著書と「聴竹居」は、現代に生きる我々にあらためて「日本の住宅」を考えることの大切さを静かに語りかけている。

そして、改めて私が携わってきた「聴竹居」の保存・維持活動において大きな転換点となった、２０１３年に起きた次のふたつの重要なトピックスを紹介しておきたい。

【2013年のトピックス――その1】「木造モダニズムの国　日本」の提案書

2013年初めに外務省の外郭団体である国際交流基金から突然封書で連絡があり、第14回ヴェネチア・ビエンナーレ国際建築展「日本館コミッショナー」指名コンペに私、松隈章が指名される。このコンペは隔年開催されているヴェネチア・ビエンナーレ国際建築展（美術展と交互に開催）の「日本館」の展示企画を統括する責任者のコミッショナー（人物）を選ぶコンペだった。ふたを開けると6名が指名され、結果、私は残念ながら落選した（コンペのスタート時点では指名された6名の名前が明かされることはなかったが、私を除く5名のうちの一人は直ぐに判明した。なんと兄の松隈洋《ひろし》も指名されていたのである）。テーマは1913年から現代（2013年）の100年間に「日本の建築」がインターナショナル・スタイルをどのように受容し変容したかを展示で紹介する企画を求めたものだった。そこで、私が提案したのが、「木造モダニズムの国、日本」、そのメイン展示の建物として世界へ発信しようと考えたのが、戦前、戦後のふたつの「木造モダニズム建築」だった。以下、その時の提案書から紹介する。

『―自然と応答する建築―木造モダニズムの国　日本』松隈　章　2013年5月より

出典 第14回ヴェネチア・ビエンナーレ国際建築展「日本館コミショナー」指名コンペ松隈章応募案

1920年代のモダニズムの隆盛期に日本だけが木造のモダニズムに取り組んだ。当時の日本の若い建築家たちは、伝統の柱梁構造の中にモダニズムに合致する〝垂直と水平の構造美〟、〝線による構造美〟を見出していた。そこには日本の木造建築によって育まれた自然と調和する心と技も内包されていた。

こうして日本の伝統木造建築を通して発見した新しい構造美と環境への応答を、鉄骨、コンクリート、ガラスといった工業製品を使って表現する戦後日本のモダニズムの独自性の獲得へと繋がっていった。その代表格が世界で活躍した丹下健三だ。

建築ジャポニズム―日本の「木造建築」が欧米に与えた影響

日本には、もともと四季のある気候風土に寄り添うように呼応し自然の材料で建ててきた木造建築の長い歴史がある。それらには、西欧の強い表現と装飾を伴った「様式」的な思考はなく習作を重ねた末の「型」みたいなものがあり、「茶室」に代表される「数寄屋」建築はその代表格といえる。そうした歴史的な伝統・文化を持つ日本では、江戸から明治に移り近代化が始まるが、それは西欧化と同時に進められ、昭和初期まで直輸入の洋風の様式建築が次々と建てられていった。

一方で、欧米では様式建築から脱皮しようとしたインターナショナル・スタイルが興り1932年に行われたモダン・アーキテクチャー展で「無彩色」「無装飾」「自由な間仕切り」と定義づけられ発表されたが、それはまさに日本の伝統的な木造建築空間にあるものだった。19世紀に「浮世絵」が「印象派」に影響を与えた「ジャポニズム」と同様に「伝統木造建築」が欧米の建築家に大きく影響を与えていたのだ。モダンデザインを先導したドイツのバウハウス運動の中心人物・建築家ヴァルター・グロピウスも著書の中で次のように述べている。「古い日本と近代西洋の建築的アプローチのおどろくべき類似が説明できると思います。（中略）日本の伝統住宅は、おどろくほど近代的でありますが、それは現代の西洋建築家たちがいまなお格闘している諸問題、すなわち、動く外壁と内壁という完全な融通性、空間の変化性と多目的性、全ての建築部分の標準寸法による調整、そしてプレファブ工法などにすでに完全な解決を与え、しかもそれがすでに何世紀も経たものであるからであります。」

およそ100年前に近代化=西欧化に疑問を持った日本の建築家が、日本の伝統的な木造建築を自然体で近代化しようとしたのが「木造モダニズム」なのである。

建築を構成する日本的な基本要素

・線材としての木造から生まれるレイヤー豊かな開口部と建具、自然との応答装置

日本の木造建築は、過酷な自然を遮断するため外部と内部の境界線をはっきりと線引きする欧米の建築とは異なり、曖昧な境界線となっている。これは、比較的温暖で四季のある日本の気候風土を建築に生かしていく知恵の集積である。雨戸、網戸、硝子戸、障子、縁側といった幾重ものレイヤーある開口部と庇によって、季節、温度、風、日差しを微妙に調整することができる。エネルギー消費を抑えていくことが求められる現代において、この自然の力を生かすパッシブな日本のやり方は見直されている。引違窓は、古代から日本の建物に用いられてきたもので、外部の四季の変化が美しい自然の風景を眺めると同時に、夏季に多くの換気を行うために最も適した窓の形式といえる。

・木造モダニズムを支える職人・大工と左官の技術

長い歴史を持つ日本の木造建築を支えてきたのは大工（棟梁）である。さらに、木造建築の壁と床を構成してきたのが、材料としては土や漆喰で、実現してきたのは左官である。このふたつの職人さらには、瓦職人、茅葺職人たちの存在が長い間、日本の木造建築を支えてきた。環境の世紀に入って木造建築の良さ、さらには、自然の材料である土の良さが見直され、現代建築においても様々な取り組みが続いている。こ

うした日本での成果を世界へ発信し、普及していくことが求められている。

・木造モダニズムの素材である「木」「(和)紙」「土」

日本の建築は、豊かな自然がもたらしてくれた「木や草」「竹」と「紙」と「土」でできてきた。さらに、そうした自然素材を生かした建築の細部へのこだわりも日本の建築の特徴となっている。

・日本には木造建築を考え続ける文化がある。⇓継手・支口・組み物の妙、大工の技など

・土へのこだわりがある。⇓左官壁、土間……自然素材

・和紙へのこだわりがある。⇓障子、ふすま……自然素材

・畳……自然素材、床座の文化

木造モダニズムは世界発信できる〝建築・クール・ジャパン〟

・3・11後の環境志向(エネルギー、省資源、省エネ、循環型)と本物志向(木造の持つ空間性:簡素で豊か)に合致する「木造モダニズム」

3・11後の環境や本物志向の中で、本当の「日本」の良さを発信できるのは、実は目立たない、あるいは、目立ちにくい建築家の作品で、木造モダニズムの特徴を持つ

藤井厚二、坂倉準三、前川國男、吉村順三、丹下健三、松村正恒、内藤廣などの作品である。そこには、木造の文化を踏襲し、そのプロポーションを鉄やコンクリートに応用、建築と自然との調和を通してモダニズムのダイナミズムと日本の伝統的な空間を違和感なく融合させようとする真摯な姿勢がある。

ここ数年、法整備が進み日本国内で「木造」「木質」を利活用していく動きが加速してきている。1963年以前はまさに木造の国（工事着工件数で木造が非木造建築を上回っていた）だった日本。だからこそ、3・11後の環境志向と本物志向の高まりのなか、「木造モダニズム」には、これからの世界の環境分野をリードできる可能性のヒントが溢れている。

・自然豊かな四季のある風土が「木の文化」を育んだ

高温多湿で四季の変化が豊かな日本の風土は「木」の成長にとって極めて良好な自然環境であり、「木」は身近な存在だった。日本人は自然環境を生かす姿勢や木へのこだわりはどの先進諸国よりも強い国民で、四季折々の自然を取り入れる「生活文化」（お茶、お花、俳句・短歌……）を発達させてきた。こうした木の文化が育んだ日本人の自然に対する繊細な感性は、現代では「クール・ジャパン」として世界発信できる高いものがある。木造モダニズムには、「生活文化」と共に、日々の暮らしを豊かにするヒントがある。

「日本の建築」のファンダメンタルなこと

1．時をデザインに取り込んできた

木で造られてきた日本の建築は、取り換える、手入れをする、継ぎ足していく、模様替えするなど、時（時間、季節、経年変化による対応）をうまく取り込みながらデザインしてきた。それらは当然、建物の建つ土地の「風土」と密接に関係したものとして存在していた。

2．自然との間に境界線を引かない

日本人は、豊かな自然と人のいる空間との間に境界線を強く引くことなく自然の呼吸と共生する暮らしを営んできた。境目には雨戸、ガラス戸、網戸、障子、縁側など様々な戸を段階的に設え、四季の変化に応じて柔軟に開口部を調整してきた。そこには自然の力を建物に生かしたパッシブで自然の素材に包まれた暮らしがある。

3．抽象化してものの本質を表現する

江戸絵画や日本画をはじめとして、日本の文化があらゆる分野において、モノの抽象的なデザインとそのモノを巧みに作りあげる力を見事に両立させている。建築空間に於いても「間をとる」ことにより、「余白の力」を生かすような簡素でありながら豊かな空間を実現している。

「日本（日本の建築）」がモダニズム（インターナショナル・スタイル）という形（スタイル）の導入によって見失ってきたものとは？

1．自然への畏敬の念を見失っている

西欧からもたらされた自然を制御できる考え方（空調の発達）により、もともと日本人が持っていた自然への畏れの感覚を失うと共に、自然との一体感や四季の変化を建築に生かし愉しむ「風土性」をもなくしている。

2．建築に強い表現を求めるようになった

「日本の建築」には、もともと「形（スタイル）」を「表現」する強い意志はないものだった。それは、どちらかというと「型」を尊ぶ中で洗練させていったのが「日本の建築」の持つ美意識だった。しかし、近代化＝西欧化によって、まさに「近代」を形（スタイル）＝「様式」によって表現することを学んだ後に、モダニズムが導入されたために、「形（スタイル）」を「表現」することがより強く推し進められるようになった。1920年の「分離派建築会」や1960年の「メタボリズム」もそうした動きの事例。

3．「型の洗練」より「形の自由さ」を求めるようになった

戦前から第二次世界大戦という軍国主義体制の中で抑圧されてきた自由な言論、表現、所有などが一気に戦後に解き放たれたために、形式に縛られた「型」をつくることもないままに、高度経済成長に対応した自由な論理、自由な表現としての建築を生み出すことを建築家の使命として自覚すると共に、社会からも求められるようになった。

以上のコンセプトを「日本館」の展示スペースで言葉や文化が異なる世界各国の方々に実感として感じてもらえるようにとふたつの原寸模型での展示を提案した。生活の中で身近な「木造モダニズム」の代表格として、ひとつは戦前の住まいとして藤井厚二設計の「聴竹居」（1928年）を、今ひとつは戦後の小学校建築として、建築技師・松村正恒が設計を手掛けた、愛媛県八幡浜市立「日土《ひづち》小学校」（1956年・1958年）を取り上げた。

このコンペには、私の提示したコンセプトに賛同した、日本を代表する有識者の方々にご参画してもらうことができた。建築史家の第一人者・藤森照信・東京大学名誉教授と環境建築の研究者であり同時に建築家の小玉祐一郎・神戸芸術工科大学教授（当時）、さらに、現代木造の構造技術者の第一人者・腰原幹雄・東京大学生産技術研究所教授の3人である。提案書に寄せて頂いたそれぞれの想いについて紹介したい。

「木造モダニズムの国　日本」の提案書に寄せて

小玉祐一郎

【「日本の木造住宅」は元々パッシブデザイン】

エアコンに代表されるような近代（特に戦後）以後の環境形成技術は、エネルギー技術としての効率を追求するあまり、外界の自然を遮断する傾向にある。この時代に望まれていることは、基本的に自然と繋がりつつ、時に遮断できるようなシステム、相反するふたつの機能を満足するために、時に応じて自然との関係が変えられるフレキシブルな建物のシステムだ。季節に応じて衣替えをするように、変転する外部との境界に様々なレイヤーを備え、建物のモードをかえることのできた日本の伝統的な住まいは、このようなシステムを先取りしていた。今こそ、こうした技術をもっと洗練させ、革新することが必要だ。その大きな原点といえるのが「聴竹居」。世界中の、特に高温多湿なアジアの近未来の住まいを考える上で、極めて重要な示唆を与えてくれる。

藤森照信

鉄とコンクリートのはずのモダニズム建築を、木造で作ることができるなんて、世界の建築家たちは驚くことでしょう。

丹下健三はじめ、いかに多く木造から学んだかを具体的に知ったら、さらに驚くでしょう。

伝統を通過して初めてモダニズムが日本に根付いたという歴史的事実は、アジアやアフリカの建築家を励まします。

腰原幹雄

木造建築といっても、日本で伝統的に育まれてきた伝統木造建築だけでなく、モダニズム建築の中で新たな世界を確立し、現在でも新しい技術をとりこみながら進化した木造建築が生まれ続けていること、さらに伝統木造の技術と現代建築の技術の融合が試みられていることを、ぜひ世界に知ってもらいたい。近年の構造解析技術の進歩は、複雑な形状の建築を実現可能にしただけでなく、自然素材という不均質な材料の評価を可能とし、工学的な木造建築を実現可能にしたのである。

結果的に、コンペには通らずに世界発信の機会を逸したものの、期せずして「聴竹居」や「日土小学校」を起点に「木造モダニズム」についてあらためて熟考し、様々な専門家にも参加していただきながら考えをまとめる絶好の機会になったことは幸いだった。

【2013年のトピックス――その2】　天皇皇后両陛下の行幸啓

さらに、2013年は、前述のように第14回ヴェネチア・ビエンナーレ国際建築展「日本館コミッショナー」指名コンペという思ってもみない貴重な機会を与えてもらった年になったが、いまひとつ大きなというか、その後の「聴竹居」の運命を決める大きなターニングポイントとなった出来事があった年でもある。

3月のある日、突然、大山崎町役場から、当時「聴竹居」の店子であった私に電話がかかってきた。それは、「6月24日月曜日に天皇皇后両陛下が聴竹居を行幸啓することになったので、『聴竹居』を開けておくと同時に立ち会うように」とのことだった。さらに、「このことは絶対に他言しないように、家族にも話さないように」と。まさに青天の霹靂、電話を受けている手が震え、飛び上がるほどびっくりしたのを昨日のことのように覚えている。何故、そんなことが起こったのかと関係者に聞いてみると、2013年のお正月元日の夕方に放送されたNHKの特別番組「美の壺『新春 邸宅スペシャル』」で「聴竹居」を取り上げているのをご覧になられた天皇皇后両陛下が、「聴竹居」を見学したいとおっしゃったとのことだった。

行幸啓当日、私は聴竹居倶楽部の代表として先導、小西章子さんと小西伸一さんは「聴竹居」創設者の令嬢と令孫としてお出迎え、ご説明は私と聴竹居倶楽部の副代表の林亨さん、事務局長の荻野和雄さんが対応した。「聴竹居」の石段下でお迎えして庭で外観のご説明、室内は玄関、客室、縁側、読書室、居室、調理室の順にご案内して、11時10分から11時36分の26分間にわたる行幸啓が行われたのである。

　天皇陛下からは「クールチューブは現在でも使われている技術ですか」、皇后陛下からは「（読書室の）天井は竹の網代ですか」「壁紙は越前和紙ですか」など、ご確認されるようなご質問がなされた。

　天皇皇后両陛下の京都府大山崎町への行幸啓は実はこの時が初めてだった。大山崎町には現存する千利休の唯一の茶室といわれている国宝の「待庵」（妙喜庵）や安藤忠雄が増築改修の設計を手掛けたことでも知られている「アサヒビール大山崎山荘美術館」など以前から有名な施設がある中で、「聴竹居」だけを行幸啓されたことは、大山崎町民に向けての大きなメッセージとなった。大山崎町民からすれば、まだまだ知られていない文化財的にも無指定だった「聴竹居」ってなんだ?と思うことになったからである。さらに、当然のことながら、所有者の藤井家（小西家）、地元の京都府や大山崎町、

天王皇后両陛下にご説明する筆者と、藤井厚二の次女・小西章子さんと孫の伸一さん。（写真提供：小西家）

日常の維持・管理・公開を続けてきた聴竹居倶楽部にとっても大きな出来事であったと同時に、「聴竹居」を行幸啓が行われた建物として、将来的に遺していかなければならない使命を負うことになったのである。

第三章　阪神・淡路大震災が契機に

都市の風景を一変させた大震災 ——第一勧業銀行神戸支店（旧三井銀行神戸支店）の喪失

今から23年ほど前の１９９４年の12月のある日、私は、たまたま神戸・元町の栄町通を歩いていた。その時に「いい建物だな」としばしその前に佇んでまじまじと眺めていたのが「第一勧業銀行神戸支店（旧三井銀行神戸支店）」だった。明治を代表する建築家の一人、長野宇平治が設計し竹中工務店が施工した無垢の北木石（御影石）の列柱が見事な銀行建築である。その時カメラを持っていなかったことを後になって悔んだ。明けて１９９５年1月17日午前5時46分に阪神・淡路大震災が発生、神戸の街は大きな被害に見舞われた。神戸市だけでも死者四千数百名、倒壊家屋は十万棟以上という未曾有の大災害になった。

私自身も神戸市垂水区塩屋町の自宅で寝入っていた早朝にいきなり下から突き上げるような激しい縦揺れに起こされ、数十秒間、「揺れが収まるのが先か、それとも、建物が壊れるのが先か」との想いが頭をめぐり、まさに「死」を感じた。かつて経験したことのない震度6強の強烈な揺れではあったが、幸いなことに家族、そして、住まいに被害は無かった。しかし、テレビで映し出された「絵」は一瞬にして破壊された都市風景だった。ひと月ほど前に眺めたあの「第一勧業銀行神戸支店」の建物も半壊し、あの素晴らしい「列柱」が道路に倒れている姿を新聞の報道写真は伝えていた。しかし、「保存」や「再建」などという声が起こる前に直ちに削岩機で無垢の柱は砕かれ、79年もの歴史を刻んできた「第一勧業銀行神戸支店」の建物はあっという間に姿を消したのである。阪神・淡路大震災の記憶が生々しい1995年6月に竹中工務店大阪本店設計部が大震災の記憶を記録し展示するイベントを行ったが、そこに私は、「都市の記憶〜その保存と再生〜残せなかった一本石柱（第一勧銀神戸支店）」と名付けてパネル化したのである。そのパネルの終わりの文章を以下に引用してみる。

「古い建物を全て残せばよいといった短絡的発想ではなく〝都市の記憶〞を形づくっている建物の歴史的価値をきちんとおさえ、その保存と再生を真剣に考えていくことが今、必要とされている。〝環境共生〞というキーワードが今後さらに重要さを増していく中で、〝都市の記憶〜その保存と再生〞こそが都市に住む人間にとって、最も大切な〝環境〞といえるのではないだろうか。そのことは、今回の大震災で、日頃慣れ親しんだ風景の一瞬の崩壊によるある種の喪失感の体験で、明白になったように思う。

あと4年で当社も創立100周年を迎える。この100年はまさに日本の近代建築史そのものだったといえる。日本近代建築史における竹中工務店の歴史を今一度きちんとおさえていくことによって始めて、今後次の100年に〝都市の記憶〞として何を創造し、何を残せるかを考えていくことができるのではないだろうか。」

こうして1995年初頭に「都市の記憶」をつかさどる大切な建物を失うことのショックを、当時37歳だった私自身、深く心に刻むことになった。

半壊した武田五一設計「芝川邸」の実測調査への参画

当時、竹中工務店大阪本店設計部の上司だった赤尾建藏さん（現在は公益財団法人竹中大工道具館館長）が、知合いだった芝川又彦さんから自宅「芝川邸」（兵庫県西宮市上甲東園）が壊れたので見に来てほしいとの連絡を受け、現地調査に同僚数名と訪れたのが大震災後僅か6日目だった。震度7の大きな揺れにあった「芝川邸」は煙突が外れて倒れ、内壁も崩れ落ち、半壊だった。この家で生まれ育った芝川さんの、現地で遺すことはできないが、移築してでも遺したいとの熱い想いに応えるべく、2月頃から様々な移築先を模索した。しかし、大震災後の大混乱の中、西宮市、神戸市、さらに兵庫県と範囲を広げても受け入れてくれるところはなかった。最後に竹中工務店名古屋支店のルートで辿り着いたのが博物館明治村（愛知県犬山市）だった。当時の館長で東京大学名誉教授（近代建築史）の村松貞次郎さんが、同館の建築担当部長だった西尾雅敏さんと協議して「西洋建築を学んだ後、日本に合った建築を考え始めたという意味で、現代住宅の出発点といえる」と評価し、1995年9月に博物館明治村の受け入れが決まった。そして、2007年9月22

日にようやく武田五一「芝川邸」は明治村への移築を終えて公開が始まり、今では国の登録有形文化財になり、数多くの方々が訪れる博物館明治村の中で人気の施設になっている。

明治44年に竣工した「芝川邸」には残念ながら簡単な平面図しか遺されていなくて、移築をするためには、実測調査による詳細な図面作成が必要だった。そこで、赤尾さんの呼びかけで、竹中工務店大阪本店設計部の有志と、武田五一の研究者として知られていた神戸大学の足立裕司助教授（当時）にお声がけして神戸大学建築学科の3回生を含む総勢24名の実測調査団を組織した。1995年の9月の終わりから11月中旬までの間、土日祝日に仮設足場設置と解体作業の合間をぬって実測作業を進めることになった。私は実測作業を大学時代に経験しているものの忘れかけていることと他のメンバーは初めてということもあり、監修者として大阪市立大学の福田晴虔教授（当時）と足立裕司先生、さらに、大学時代に同じ研究室で実測調査などをご一緒した、兵庫県教育委員会の村上裕道文化財課課長（当時）にもご指導をいただきながらの実測調査になった。単に実測調査するだけではなく、福田先生には現地の「芝川邸」の2階の和室広間で「芝川邸と武田五一」と題したレクチャーを、足立先生には何度も実測に立ち会って頂いて武田五一の設計意図やその表現を議論し、村上さんには実測のイロハを教えてもらうという貴重な体験をすることができた。そして、和と洋が融合し当時最先端だったアールヌーボーを取り入れた凝ったディテールを描きとめるべく、描いた実測スケッチは200枚を超えた。

大震災後に何ができるのか？　を自問した私たちは、単に実測調査をするだけではなく、その成果の全容を広く一般の方々に披露して、大震災と文化財について考える機会にすべく、「芝川邸と武田五一展」（竹中工務店大阪本店設計部主催）を、大震災の翌年の1996年5月27日から6月14日までの約2週間、当時大阪本店設計部のあった西本町インテスの展示コーナーにて企画・実施した。

展示は「芝川邸実測調査報告」「武田五一・人と作品」「阪神・淡路大震災による歴史的建造物の被害」などテーマを大きく5つに分け、パネル約50枚と新たに製作した模型によるものとした。さらに、それらを収録した図録も編集・作成・配布した。その図録には博物館明治村の村松貞次郎館長より「芝川邸の実測調査に感謝して」という次のような一文（抜粋）を寄せて頂いた。

「古きよき建物の実測調査は、建築を学び知る上で必須の作業だと私は信じている。近頃それがなおざりにされているようで悲しい。実測調査することによって、建物に込められた先人建築家の心を感得し、職人の手の痕に触れ、モノの本性とその使われ方を知ることができる。社会遺産としての文化財建造物の保存には、まずそれを実測調査するプロとしての建築家の、触覚からくる心のときめきが原点になるものだろう。その感激なくして、よき保存・再利用は決してできない。芝川邸はそれに十分に応え得る名建築家の名作である。」

展覧会期間中の5月31日には西本町インテスで博物館明治村の西尾雅敏部長による「文化財保護と明治村」と題した講演会を芝川又彦さんご夫妻、武田五一の孫の武田直和さんご出席のもと、約120名の方々の参加を得て開催した。博物館明治村で20年以上建築の復元設計監理を担当されてきた西尾さんが、講演の中で語った「文化財保護は過去の検証ではなく、現代の道楽でもなく、未来の人の豊かな生活のためのサンプルを残すこと」と「文化財保護の本質は人間の手でいかに大事につくったか＝労働価値の評価にある」というふたつの言葉は、現代建築を創っている私たち設計者への警鐘だと感じた。

阪神・淡路大震災という大きな突然の災害に遭遇したことが偶然にも端緒となった武田五一「芝川邸」の実測調査と展覧会・講演会への参画は、当時未だ30代だった私にとってのその後の人生を大きく変えてゆくことになる。

当時、雑誌「新建築 住宅特集」1996年8月号に寄稿した私の文章は、

「阪神淡路大震災は、平常時のあらゆる問題点を白日のもとにさらけ出したといわれる。その教訓を忘れず、近々施行される文化財登録制度等を生かしながら、都市の記憶を形成する歴史的建造物の保存と再生に取り組んでいくことが今、建築家に求められているのではないだろうか。」

と締めくくっている。

さて、ここで、ご縁を感じるエピソードを先ずはひとつご披露しよう。実はその後も多くのご縁が繋がっていくのだが……。

実は武田直和さんは、私の大学の大先輩だった。北海道大学を卒業して関西に就職する学生は極めて少ない。1990年から1995年まで私は北海道大学工学部建築工学科の関西全体の同窓会（六美会近畿分会）約三十数名の幹事を務めていた。31期卒業の私からは3期卒業の大先輩にあたる武田直和さん。幹事だったこともあり、関西の同窓会で何度かお会いしてお互いに面識を持っていた。「芝川邸と武田五一展」の準備をする中で、武田五一の家系図の資料を見つけ、眺めていると、武田五一のお孫さんの名前が「武田直和」と記されていて、何処かで目にしたお名前だなと思った。同時にご自宅の住所も記されていたので、大学の同窓会名簿と照らし合わせてみると、なんと一致、もの凄くびっくりした。すぐさま、武田直和さんのご自宅にお電話し、「武田先輩は、武田五一のお孫さんだったですね」と。すると、武田直和さんからは「そうだよ。ばれたね」と。武田五一「芝川邸」の実測調査と展覧会の開催を通じて、初めて大学の大先輩として旧知だった武田直和さんが、武田五一のお孫さんにあたることを知りえたのも、不思議なご縁だと思った。

今の私が存在するルーツを訪ねて

今の自分の心のルーツを探るため、ここで生い立ちから大学までのことを振り返ってみたい。

もはや戦後ではないと叫ばれた１９５７（昭和32）年、兵庫県尼崎市に生まれた我が兄弟（双子の兄は松隈洋・京都工芸繊維大学大学院教授・近代建築史）は化学メーカーのプラントエンジニアだった父の転勤によって全国各地に移り住むことになる。幼稚園に入る直前に埼玉県の浦和へ引っ越し、小学校3年の1学期まで、まだまだ通学路も舗装されず、田んぼや畑が広がっていた与野で過ごした。今では考えられないほど当時は本当に田舎で、近くにあった湿地帯でカエルやバッタをとって遊んだり、住んでいた社宅の中庭に放置されていたコンクリート建築を造るための型枠パネルを組み立てて秘密基地を造って遊んだりの幼少期を過ごした。

国立代々木公園総合競技場にて。(1965年) 手前右が筆者。左は双子の兄・洋。

1964年、小学校1年の時に東京オリンピックが開催された。自宅近くを聖火ランナーが走り抜けていくのを見に行ったり、埼玉県立大宮公園サッカー場にサッカーの試合を観戦に行ったことをうっすらと覚えている。最近になって家族アルバムを見返すと、東京オリンピックの翌年、小学校2年の時に丹下健三設計の「国立代々木公園総合競技場」や、2015年に解体された「国立競技場」を両親と見に行っていたのだった。当時の記憶は兄の洋ともどもほとんど遺っていないものの、見たこともないそれらの壮大な建築に驚かされたことだろう。今思い返せば、こうした建物に触れていたことが、潜在意識の中に存在し続けて今の建築を仕事にすることに繋がったのかもしれない。

小学校の夏休みに父が川崎の工場に転勤になったことで、神奈川県横浜市保土ケ谷区桜ケ丘に引っ越すことになる。当時の小学生が皆そうだったように、昆虫採集、切手収集などに夢中になる一方で、プラモデルの製作にも取り組んだ。男の子が好きな自動車や戦車や飛行機ではなく、なんと、建物のプラモデル、「姫路城」「法隆寺・夢殿」などを製作した。

横浜にほど近い鎌倉へ行った時の家族写真が遺っている。近年保存か解体かで揺れ動いた日本で最初の公立近代美術館といわれる「神奈川県立近代美術館」、通称「鎌近」だ。DOCOMOMO20選に選ばれ、まさにその展覧会が行われた「鎌近」にも小学校3年生の時に訪れていた。

1970（昭和45）年、中学1年の夏休みに、父から「日本万国博覧会が大阪で開催されている。きっと良い経験になるから見に行ってきなさい」と言われ、母と兄の洋の3人で2泊3日、宝塚に泊まりながら、3日間、万博会場を朝から晩まで歩き通した。夏の暑い日だったが、夕方から料金が変わるタイミングに会場に滞留する人が少なくなる時間帯をうまく生かして、日本館、アメリカ館、ソ連館、太陽の塔、松下館、東芝IHI館、鉄鋼館など主だったパビリオンはほとんど巡ることができた。「人類の進歩と調和」をテーマとした国家的なプロジェクト、さらに、建築が未来を切り開くという夢を示してくれたその時代の息吹を多感な中学1年の時に体感できたこともきっと今に繋がっていると思う。

小学校高学年からは、当時未だ現役で走っていた蒸気機関車（SL）を追っかけることに兄弟揃って夢中になった。「さよなら蒸気機関車」として、八高線や高島線などをさよなら列車が走り、首都圏から蒸気機関車が消滅する時代を迎えていた。現在のみなとみらいの場所には「横浜機関区」という蒸気機関車の車両基地があり、そこにもカメラを下げて訪れた。1970年の秋には首都圏から蒸気機関車の姿はなくなってしまった。しかし……その夏、今度は新設した九州・大分の工場への父の転勤が突然決まる。転校することを嫌がっていた我が兄弟だったが、九州・大分の地はまだ蒸気機関車が現役で走っている魅力ある地域だった。中学2年になる春に大分県大分市へと転居、転校することになる。日本の近代化を鉄道という物流面で支えてきた蒸気機関車、それが時代の移り変わりの中で消えていくまさにその場に居合わせたことも、今となっては、蒸気機関車の時代と重なる時代に誕生し役割を終えつつある近代建築が同じように消えていくことを回避し、保存・

再生・活用させることを意識した行動へと向かわせたのかもしれない。

　大分市では中学2年から高校3年までの5年間を過ごした。日本で人口2番目の大都市となっていた横浜市から当時人口約30万弱の地方都市・大分市への転居は、否が応でも都会と地方を意識することになる。転校した中学校がマンモス校だったために、住んでいたいわゆる団地（転勤族の多く住む明野団地）に新設校・明野中学校ができ、3年になる時に再び中学校を移ることになる。

　勉強よりもみんなのために公の活動をすることを勧めていた父の想いに応えたいとの意識があったのか、新設された中学校の第1回生徒会三役の選挙に立候補し、創立初めての生徒会書記を務めた。小さな新設中学の3学年には3クラスしかなく、選挙管理委員長についた兄は前期の学級委員に、そして、3年後期には、私が学級委員、兄が生徒会長に就任する。校則もなく先輩もいない時代に一から組織について議論しクラスをまとめたこの中学3年の経験も、今から振り返ると社会的な活動に生きがいを感じる自分（兄の洋にとっても）の原点に思えてくる。

　初めて導入された県立高校3校（大分上野丘、大分舞鶴、大分雄城台）の合同選抜の高校入試で、同じ中学から同じ高校へと進んだのは、偶然にも二十数人中兄と私の二人だけとなった。大分県随一の進学校のひとつだった高校では勉強づけの3年間を過ごす。大学での専門を何にするか決められずにいた私に、担任の上杉敬三先生から「おまえは北大に行ったら」と勧められ、当時、医学部、歯学部、水産学部を除く全ての理系の学部学科に進める可能性のある理類という大きな選考枠で入学できることに魅力を感じて北海道大学へ進むことを決めた。そして同じ高校から一人、北海道に渡ることになる。大学の教養では、そののち工学部、理学部、農学部、薬学部、獣医学部に進んでいくクラスメイトと進むべき道を探りながら過ごすが、教養時代に学ぶ理系の科目に魅力や可能性を感じることがなく、工学部の中でも最も理系らしくなく、芸術的要素もあり、先に進路を建築と決めていた兄と同じ建築工学科へ進むことになる。

建築に進むと、創造力を生かせる設計や計画に魅力を感じ、計画系の研究室に入り浸ることになる。大学3年生の時には夕張の炭鉱労働者のための住宅（いわゆる炭住）の調査の手伝いをすることになり、何度も先輩の運転する車で数時間かけて夕張市へ日帰りで調査に出かけた。この時、炭鉱労働者の貧しい住まいの実態を知り驚くことになる。

そして、4年になる時に建築史の研究室に魅力を感じ、越野武助教授、角幸博助手が指導教官だった歴史の研究室に入る。その頃の、フィールドワークをして集めた数字を積み上げ計画を立てていく少し頭でっかちのような建築計画の方法論に疑問を感じたのかもしれない。また、角幸博先生が研究していたスイスの建築家・マックス・ヒンデルが設計した北海道大学の丸太造りの「山小屋」を両先生や修士の先輩（村上裕道さん、吉田諭司さん）と泊まりながら実測する機会にも恵まれた。建築家のフランク・ロイド・ライトの弟子にあたる田上義也の代表作で札幌の中心部に遺っていた「北一条教会」が解体されてしまうということで、先生や先輩と最後の実測調査に参加した。さらに、「小樽の運河埋め立て問題」

が起こり、バイパス道路建設で木骨石造の倉庫の多くが解体される危機に遭遇した。当時、なくなりゆく小樽の木骨石造の倉庫の2階で京都大学の西山夘三さんの講演を聴いたことを覚えている。

卒業論文は、そうした時代にあって、前しか向いていない「都市計画」と単体の建物しか扱ってこなかった「建築史」の両者に疑問を感じ、渦中にあった「小樽」をテーマに「都市形成史」を研究することにした。1979年当時、「都市形成史」は地図学会ではいくつか参照するものがあったが、建築の世界では既往の研究もほとんど存在せず、唯一、建築史家の陣内秀信さんがイタリアの都市史に取り組んでいたくらいだった。「古地図」を現代の「都市計画図」に写し取って明治初めから現在までの年代ごとのベースマップとし、そこにその時代の「土地価格」「町割り」「商店数」「人口」「大火などの大きな災害」などのデータを落とし込むことで、まさに「都市の歴史」を紡ぐ試みをした。手探りでの論文化作業だったが、一定程度の評価を受け、越野先生の強い勧めもあって大学卒業直前の3月の終わりに行われた日本建築学会北海道支部大会で2編8ページの梗概にまとめ発表することができた。この時、一緒に小樽の街を歩き回ったのが、修論として「小樽の木骨石造」をまとめていた2学年上に在籍していた村上裕道さんだった。

大学4年のわずか1年間で、修士課程に進まない学卒にも関わらず、こうして「建物の保存」「実測調査」「都市形成史」などに実践を通じて関わることができたことも、今に繋がっているのだと思う。

以上、自身の生い立ちを振り返ってみた。

北は北海道・札幌から南は九州・大分まで、関東も関西も、全国各地にその土地と人に馴染むにはちょうど良い4年から5年というインターバルで移り住んだこと。そして、転居、進学、就職を含め、新しい組織に移る時にずっと一人（高校までは兄と二人）だったこと。

つまり、次の組織（学校）に移る際、常にそれ以前に所属していた組織（学校）のしがらみには捕らわれることなく、真っ新な気持ちで入っていけたのである。特に大学時代を過ごした北海道・札幌市には、高校を卒業してたった一人で乗り込み、初めての一人暮らし（とはいえ、賄付きのいわゆる下宿だったが）を始めた。さらに、信じがたいと思われるだろうが、我が両親は私が大学に居た4年間、一度も北海道の地を踏むことはなかった。

つまり、手紙やはがきのやり取りを頻繁にしていたものの、私が4年間をどんな場所で過ごしたかを全く知らなかったのである。

これらふたつの特異性も、今の私の嗜好や価値観である「どこも住めば都」「離れていても繋がれる」「それぞれの場所・地域の個性を大切に思う」「たった一人でも新しい場所や組織に乗り込める」に繋がっていったのだと思う。

第四章　藤井厚二と竹中工務店

武田五一を知り、藤井厚二を知り、そして、聴竹居に出会う

本当に奇遇、いやご縁とは、まさにこのことを指すのだろう。1996年に遭遇した阪神・淡路大震災が端緒となり「芝川邸」実測調査に参加し、1996年に行った「芝川邸と武田五一展」に関わっていなければ、決して藤井厚二にも、「聴竹居」にも、出会えていなかった。「芝川邸と武田五一展」の図録と展示パネルをまとめる中で、私が主に担当したのが武田五一と竹中工務店との関係を紹介する部分だった。その時に次の4つのことを初めて知ることになった。

①武田五一が1920（大正9）年に創設する京都帝国大学建築学科の講師として藤井厚二を竹中工務店から引き抜いたこと
②藤井厚二が竹中工務店の黎明期に初めて東京帝国大学を卒業した学士として入社し、当時最先端のオフィスビル「大阪朝日新聞社」などの設計を手掛け、現代に続く設計組織の礎を創ったこと
③藤井厚二の自邸「聴竹居」が1928（昭和3）年に建てられた素晴らしい建物であり、現存していること
④武田五一と藤井厚二は大阪朝日新聞社のプロジェクトでそれぞれ建築主側の顧問と設計担当者として知り合ったこと

この中でも藤井の代表作で建築関係の雑誌や書籍に紹介されている「聴竹居」という住宅の写真を見て、現存するのであれば、ぜひ実物を一度は見てみたいと思うようになった。「芝川邸と武田五一展」を手作りながら開催した1996年頃は、今とは違って美術館でいわゆる「建築展」が開催されることはほとんどなかった時代である。たまたま、その時に「二〇世紀日本美術再見 一九二〇年代」（1996年9月14日～10月20日）という展覧会を企画していたのが三重県立美術館だった。学芸員の桑名麻理（現在は花里姓）さんと、のちに結婚される筑波大学の花里俊廣さんの大学時代の同級生が竹中工務店大阪本店設計部の齋藤昌英さんであった。その繋がりで桑名麻理さんが「芝川邸と武田五一展」が開催されているとの情報を得て、6月7日に視察に訪れることになり、私が応対した。美術館での建築展の展示の仕方のヒントをつかんだ桑名さんが、帰り際に「『一九二〇年代』の展示の建築のコーナーでメインに取り扱ったら良い建物をご存じないですか」と質問してきた。その時、「藤井厚二の「聴竹居」があります。1928年の建物です」と私は即答した。美術館での展示が実現すれば、現存する

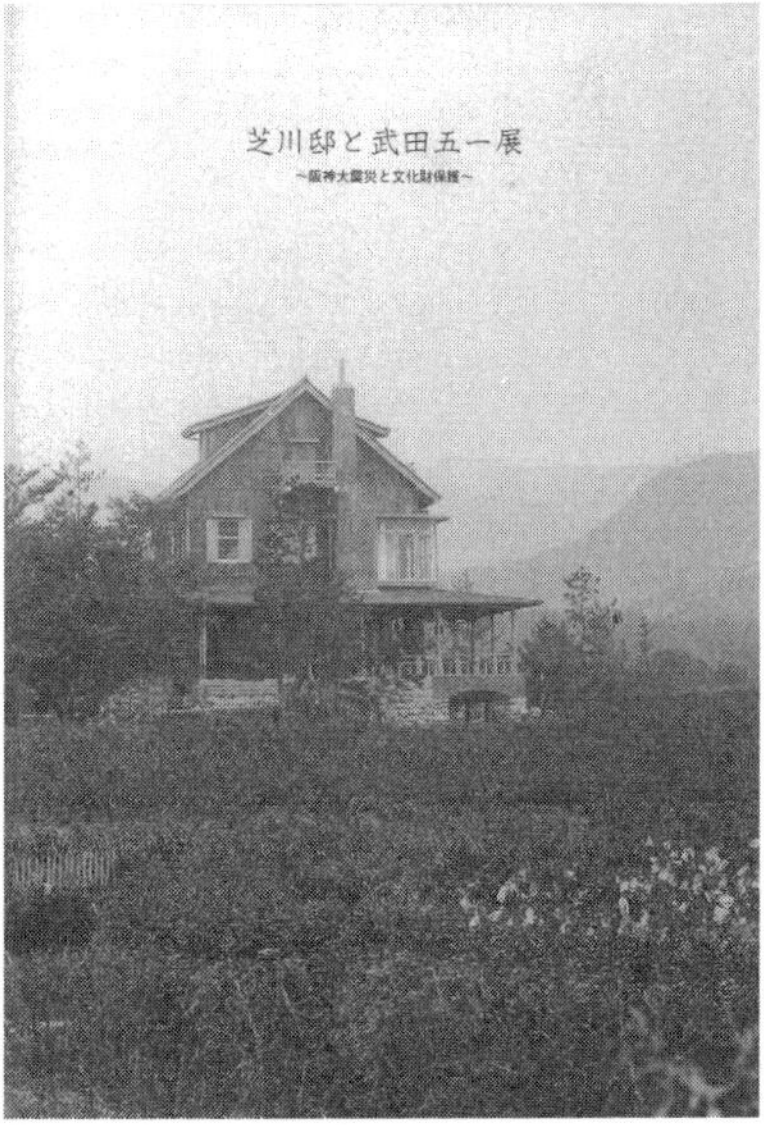

「芝川邸と武田五一展」図録

「聴竹居」を見学できるかもしれないという全くの下心からの提案だった。さらに、展示するのであれば、それ以前にセゾン美術館で展示した「聴竹居の図面」や「同写真」だけでは新規性がなく面白くないので、新たに「模型」と「映像」にすべきだとも提案した。桑名さんが持ち帰ったこの提案は、幸いなことに美術館の企画会議で通り、実現に至った。「模型」の製作は、竹中工務店大阪本店設計部がいつもお願いしていて技術には定評のある「三浦模型」の三浦良雄さんに、「映像」の制作は、広報が竹中工務店の広報映像でしばしばお願いしていた「麦プロダクション」の高岡伸一さんにお願いすることにした。

そして、7月6日の夏の暑い日、三重県立美術館のアポイントで、初めて大山崎の「聴竹居」を訪れた。同行者は三重県立美術館学芸員の土田眞紀さんと桑名麻理さん、建築史家で滋賀県立大学助教授（当時）の石田潤一郎さん、三浦模型の三浦良雄さんと私の5人。

当時は80代のご婦人が一人でお住まいで、リビングルーム（居室）の天井からは蛍光灯、床にはカーペットが敷かれタンスなど家財道具満載の状態だった。しかし、夏の本当に暑い日だったにもかかわらず、とても涼しく感じたこと、さらに、和風でもなく、と言って洋風でもない日本の住宅の近代的な新しいデザインの在り方に驚きを感じたこと、このふたつの衝撃を昨日のことのように思い出す。こうして、小さな願望が実り、1996年夏に「聴竹居」を初めて訪れることができたのである。

その後、8月3日の夏の暑い晴天の日に、展示に使用する初の映像作品のための現地ロケも早々に実施することになった。撮影範囲は「聴竹居」のメインとなる本屋の「外観」「客室」「縁側」「居室」。住まいとして現役だった「聴竹居」には、家財道具も数多くあったが、晴天に恵まれたこともあり、全てを屋外に移動しての撮影になった。あらかじめ人手が必要だと分かっていたので、呼びかけを行って集まってくれた旧知の建築雑誌編集者、建築関係の研究者、建築家などの知人・友人が、家財道具を外に運び出すのを手伝ってくれた。空っぽとなった「聴竹居」は、本当に見違えるほど魅力的な空間になっていた。

その当時、竹中工務店の設計部のみならず社内全体においても、大先輩にあたる藤井厚二や自邸の「聴竹居」を知る社員は、ほとんどいなかった。そこで、三重県立美術館に無理をお願いして、「二〇世紀日本美術再見 一九二〇年代」開催の直前に、三浦良雄さんが制作した「聴竹居」の展示用の縮尺15分の1の模型と麦プロダクションが制作した映像（4分40秒）と共に、既往の雑誌や写真集などの資料をパネル化したものを公開すべく、西本町インテスの設計部のロビーでのミニ展示会を企画・実施した。9月9日～13日、僅か5日間という短期間の展示にもかかわらず、数多くの社員に見てもらうことができたのは幸いだった。

そのミニ展示の際に私が企画者として「聴竹居」の存続についてと題した一文を掲示したが、それは、未だ藤井家（小西章子さん、小西伸一さん）とは繋がりが持てていない時点での見解だった。

「聴竹居」の存続について

現代住宅の原点であり、数多くの建築家や歴史家に愛されてきた「聴竹居」は、約70年を経た今も、京都府大山崎町の山の中に建築当時の姿で現存している。しかし、今回の展覧会企画に参加して情報を集めるうちに、その存続についての疑問が起こってきた。

まず、その持主は、藤井厚二の娘にあたる小西章子様である。小西様は現在、東京在住、年齢は70歳前後。「聴竹居」には、長い間お住まいではなく、その関係は薄い。また現在、借家人として、おそらく80代のご婦人が一人住まいしているが、たとえば見学なども了解を確認するなど、大家さんである小西様にとても気をつかっている。ただ、借家人はかなり古くからお住まいで、小西様としては、今すぐにはどうすることもできないものの、将来空家になった場合、更地にして売却してしまうことも十分予想される。実際、すぐ隣にあった第4回実験住宅は売却され、ごく普通の住宅が建っている。

一方、京都府や大山崎町は、先日オープンしたアサヒビール大山崎山荘美術館や国宝・待庵(妙喜庵)と共に、「聴竹居」の保存に関心を持つている。しかし、現在先に解体された第4回実験住宅の移築・復元化を検討中であり、府として京都府全域で多くの歴史的建造物の保存要望を受けている中で、同じ藤井厚二、それも同じ大山崎町の建物の保存に予算をつけることはなかなか難しいのではないかと思われる。

このように「聴竹居」は、藤井厚二没後60年（1938年没）を前にして、存亡の危機にあるといえる。竹中工務店の初代アーキテクトとして、その基礎を築いた大先輩・藤井厚二。その「聴竹居」をこの地に残し、その素晴らしさを後世に伝えていくことが、今我々に求められている。

松隈　章

1996年に出逢った直後に当時の私（39歳）が藤井厚二と「聴竹居」をどのようにとらえていたのか、『予刻　建築をめぐって』という書籍への寄稿という形で遺している。以下抜粋する。

エッセイ「聴竹居の創造性　京都・山崎」松隈章
竹中ブックス・エキストラ／1　『予刻建築をめぐって』
発行：竹中工務店設計委員会　NT21編集委員会　1997年12月10日発行　より

・まわりの自然にとけこみながらも、昭和の初めに建てられた約70年前の建物とは信じられないくらい鮮烈で清涼な印象を受ける。
・藤井厚二と「聴竹居」は、日頃忘れかけている大切な次の3つの視点を教えてくれる。

ひとつめは、明治から大正にかけての西洋の文化を学び西洋建築を直喩的に日本に根ざさせようという時代の風潮に対して、もう一度日本という土着を見つめ直し、和を出発点に、和と洋の統合を考えなければならないという姿勢を持ち続けたことだ。これは西洋建築のコピーに奔走することへの警鐘であり、真に日本に適した建築のあり方を模索することの大切さを教えてくれる。

・次に「其の国の建築を代表するものは住宅建築である」（『日本の住宅』藤井厚二）と藤井が言うように、その地位からすれば、他の建物を設計する機会があったにもかかわらず、あえて住宅研究と設計にエネルギーを傾けたその姿勢だ。これは建築家の持つべき明確な理念として、「住宅」という生活に最も密着した施設から社会や文化のあるべき姿を捉えて行くことの重要性を示唆している。

・三番目に日本風土の特性を、藤井自身が京都大学で始めた環境工学の観点から十分に研究し、光や風を生かしたプランニングなど、今でいう「環境共生」を志向・実践していたことだ。日本の民家の持つ環境と共生する技術や素材を、あくまで科学的に検証し、建物配置からディテールにいたるまで積極的に設計に取り入れていった。これは重装備の設備や新素材に頼りきった現代建築への警鐘ともいえる。

・「モダン」と言われた時代――明治の西洋化のあと、大正から昭和の初めにかけての1920、30年代、そして第二次世界大戦後、戦時体制からまさに自由になった

1950、60年代─それは日本において「建築」が最も純粋に創られていた、そして、「建築」に時代を切り開いていく力があった時代ともいえる。
・1970年代以降、価値観の多様化によって社会というものが複雑化、巨大化した。その結果、「建築」の持つ力が相対的に低下し、先の見えない閉塞状態にある現代において、そのような「モダン」の時代を探求することによって、今という時代が忘れかけている「建築にできること」＝建築がその時代の社会や文化のあるべき姿（未来像）を示唆＝を見つめなおし、建築に対する認識を再構築することから、次の世紀に向けた創造が始まるのだろう。

この文章を寄稿した『予刻』という単行本は、竹中工務店の社内に置かれた設計委員会のNT21編集委員会が中心に企画し、全て社内のメンバー200名以上から寄稿を募り、その中から76編を編集し収めたものだった。エピローグから当時の編集委員会の想いを抜粋する。

「地球環境・人口構成の変化、デジタル・メディア時代とビジネス変革──真近にきた21世紀の建築は、どこに向かうのか。様々な議論も忙しく、ヴァーチャル、透明建築、仮設建築が幅をきかせる昨今であるが、今回の活動を通じて強く実感するのは、建築の本質は人間が利用する限り不変だということにつきそうである。少なくとも人間を覆う空間に対する感覚、心地よさは変わらないであろうし、またこれをつくる技術や材料、ディテールも人の審美感を無視してはあり得ないはずである。『歴史・環境・技術』への敬虔な態度こそ、新時代にのぞみたいものである。それが、『予刻』という書名に込めたわれわれの確信である。」

NT21編集委員会委員長　服部紀和

20世紀を終えようとしていた時代、竹中工務店設計部が次世紀を想い描くための試みのひとつだったのだろう。目まぐるしく時代が流れていく中で、世紀を超える時を捉えてこのように一旦立ち止まってみることは大切なことだ。本当に良い機会となったと思う。

そして、藤井家（小西家）と繋がる

その後、三重県立美術館での「二〇世紀日本美術再見　一九二〇年代」が9月14日から10月20日にかけて開催された。私も9月21日に三重県津市にある三重県立美術館に初めて足を運び、建築のコーナーのメインの展示品として美術館のエントランスホール正面に展示された「聴竹居」の模型、ビデオなどの展示を見ることができた。

そして、展覧会開催から約2年後、同じ竹中工務店の社員ながら面識のなかった西奥克美さんから突然連絡が入る。西奥克美さんは、出向者として経産省の管轄するエンジニアリング振興協会（当時）に在籍し、その時の同僚でその後もお付き合いを続けていたのが、千代田化工建設から同じ時期に出向していた小西伸一さんだった。その小西伸一さんから「三重県立美術館で私の祖父の藤井厚二と『聴竹居』のことが展示され、それに協力していたのが竹中工務店大阪本店設計部の松隈という社員らしい」と西奥さんは聞かされていたらしく、そのことを私に連絡してきたのだ。藤井厚二のお孫さんにあたる小西伸一さんに会えるかもしれないという嬉しい情報を得たので、すぐに西奥さんに小西伸一さんに会う機会をつくってほしいとお願いした。展覧会から2年後の1998年11月27日、新大阪にあるホテルのレストランで初めてお会いすることができた。このあと、様々な偶然、いや、ご縁で繋がりが深くなっていくのだが、初対面の時に、出身大学の話題になり、同じ北海道大学の理類（小西伸一さんは工学部機械工学科）卒業の先輩だったことも急速にお近づきになれた大きな要因のひとつになった。

こうして1998年の11月に藤井家に繋がることができた。それも、藤井家にとって初の建築関係者、かつ藤井の後輩である竹中工務店設計部の一人として、私のように阪神・淡路大震災の経験から古い建物をきちんと遺すことを大切に思う人間が、たまたま藤井家と繋がりを持てたことが大きかった。なぜなら、藤井家の方々は、藤井厚二の素晴らしさ、「聴竹居」の建築的な価値、さらに「聴竹居」を遺すことに当時あまり関心がなかったからだ。

藤井厚二の後輩の設計部員による実測調査と定期借家契約

藤井家（小西章子さん、小西伸一さん）と繋がりを持ててから約1年後の1999年12月1日、借家人として「聴竹居」を竣工当時のまま改造もせずに長年大切に住んでくれた方がご高齢（90歳代）で亡くなり、「聴竹居」は空家となる。小西伸一さんから、「聴竹居をこれからどうしたらよいのか？」と相談を受けたので、無論その価値を既に分かっていた私は「人に貸して維持管理して遺すべき」「公開できる状態にして動態保存していくべき」と提案した。同時にこの時思いついたのが、次の3点だった。

1．この貴重な住宅を少しでも公開してもらえるような使い方を借家人にお願いできる契約にすること
2．もし、不適切な使い方をした場合には借家人に退去してもらえる契約とすること
3．今後修復して利活用を進めていくためのベースとなる実測図面を整備すること

1については、会社の先輩の紹介で「聴竹居」を賃借しアトリエ（事務所）的に使用す

ることで遺すことに貢献したいという方が現れ、そのまま、借家人になってもらうこととした。２については、ちょうど新しい法律が制定された時で、契約期限を定めると共に、6か月前に貸主が申し出れば借家人を退去してもらえるという「定期借家契約」が適用できることが分かり、竹中工務店の法務の専門家の知恵を借りて「聴竹居　定期借家契約書」を作成することができた。私が立会人になり2年ごとの契約期間としたこの契約書の中に「見学対応すること」の一文を入れた。そして、３については、空っぽになった「聴竹居」を実測調査して図面化しておくことが今後の保存利活用には欠かせないと小西伸一さんに提案し了解を得た。実測調査について誰かがやってくれないかと初めに少し思ったが、すぐに「そうだ！　武田五一・芝川邸と同じように竹中工務店設計部の有志に声がけしてみよう」「実測調査の成果は芝川邸と同じように、設計部長に一定の費用負担をお願いし、図録にまとめて展覧会を開催しよう」と思い直した。本城邦彦取締役（当時）と、門川清行設計部長（当時）に進言すると共に、「芝川邸」の実測調査をやったメンバーを中心に有志を募った。結果、竹中工務店大阪本店設計部の有志による「聴竹居実測調査団」を結成することができた。１９９５年、１９９６年の「芝川邸実測調査団」による活動と成果発表からあまり時を隔てることなく、同じくこうした自主的な活動に気概を持ったメンバーが集まってくれたことは本当にラッキーだった。

こうして空家の状態となった中で、我々藤井厚二の後輩（竹中工務店設計部有志）が、「聴竹居」の実物に手を触れながらその精神と技を学び取ることができる絶好の機会を得ることになったのである。監修者として滋賀県立大学の石田潤一郎助教授（当時）をお迎えし、実測調査は2000年3月にスタートした。まだまだ寒く手がかじかんでいた3月から暑さや蚊に悩まされる7月までの土日祝日を利用し、延べ18日間、朝から夕方まで、メジャー片手に「聴竹居」とじっくりと向き合ったのである。実測は、精神修養にも似た単調で黙々とした作業の連続だったが、普段設計を実務としているメンバーにとって、それは藤井厚二の設計意図を探ったり、つじつまの合わない部分の謎解きをしながら藤井厚二の設計プロセスを追体験する貴重な機会となった。「聴竹居」を構成する「本屋」「閑室」「茶室（実測当時は下閑室と呼ばれていた）」の3棟には、優れたデザインやディテールが数多くあり、実測スケッチの総枚数は優に200枚を超えた。

その実測調査の意義について新聞の取材を受けた石田潤一郎先生は、「現代建築の設計者にとって文化財が無縁なものでなく、自らが歴史の方へ踏み込むことで、設計の中でかかわっていけるという一つの見識を示した」と評価している（「日刊建設工業新聞」2000年4月25日）。

「聴竹居」の実測調査を竹中工務店大阪本店設計部の有志でやっているという情報を聴きつけた建築家や研究者、さらに、建築関係の編集者が実測期間中やその後も多く訪れた。その一人に日建設計を代表する建築家のお一人だった林昌二さんも居られ、建築関係者数名と共に本当にお忙しいところ、11月8日に日帰りで来られた。後日届いたお礼のお葉書には以下のような感想が綴られている。

11／8の「聴竹居」見学の際は、大変お世話になり、有難うございました。それまでの見聞とはだいぶ異なる印象で、やはり実物に接することなくものを云うことはできないとの思いを深くしました。感想をひとことで云い表すことはできませんが、「暮しの工夫↓発想↓デザイン」とでもいうべき設計作法を興味深く拝見しました。貴重な遺産ですから、どうか大切になさってください。

竹中工務店設計部編『環境と共生する住宅「聴竹居」実測図集』の企画・編集・発行へ

建築専門書の出版社として有名な彰国社の熊田渉さん（当時は雑誌「季刊ディテール」の編集部所属）も我々の実測調査を見学に来られた一人だった。旧知だったこともあり、気軽に会話できたことが幸いし、その場で熊田さんから「この実測調査はとても意義あることなので、彰国社から単行本として出版できるかもしれない」との有難い提案があった。しばらくして熊田さんから彰国社の社内会議で企画が通ったので出版できることになったとの正式の書面での連絡が２０００年の7月に入る。

有志での自主的な活動からスタートした「聴竹居」の実測調査が、「竹中工務店設計部編」として公の活動となると同時に、『「聴竹居」実測図集』という書籍として世に送り出せることになったのである。２０００年に実測調査し、翌２００1年3月にその成果についてあまり間を置くことなく直ぐに出版できたのは、本当にラッキーだった。

こうして出版へ向けて動き出した『「聴竹居」実測図集』には、実測調査の概要とスケッチや清書した図面だけではなく、京都大学工学部建築系図書室に遺されている藤井の図面やスケッチ、実測メンバーが分担して執筆した解説文、彰国社のカメラマンの畑拓さんと畑亮さん、竹中工務店所属のカメラマンの吉村行雄さん、古川泰造さんの撮りおろしの写真、さらに、監修者の石田潤一郎先生、建築史家の藤森照信東京大学教授（当時）、建築家の内藤廣さん、環境工学者で名古屋工業大学の堀越哲美教授（当時）にもご寄稿いただき、「聴竹居」のみならず藤井厚二の全容に迫る立派な建築専門書として発行することができたのである。

この実測図集が発刊された後、雑誌「新建築 住宅特集」2001年5月号に、私が「聴竹居」の実測が意味するものと題して一文を寄稿している。そこの最後の一文に

21世紀、建築家がやるべきこと

持主の理解と借家人の献身的な姿勢といった善意に支えられ、「聴竹居」は事務所（アトリエ）という形で使われ、今のところは動態で存続できている。

歴史的建造物の真の保存とは、どこかに大事にしまっておく骨董的な保存ではなく、公開も視野に入れた生きた状態での動態保存ではないだろうか。そのまさに実践が、

この「聴竹居・動態保存プロジェクト」なのである。歴史的建造物の動態保存に、常にスクラップアンドされてきた「現代建築」をつくっている建築家がかかわることは、数十年後の「現代建築」のありようを考える意味で今後ますます重要になってくる。時代の先端をいく建築家やそれを取り巻くジャーナリズムは、常に新しいデザインや技術そして流行を追いかけることに夢中になっている。一方、歴史家は歴史的建造物の研究や保存運動に没頭している。二者は別々に存在しているかのようである。

21世紀を迎えた今、建築家は、そのネットワークを生かし、あらゆる専門家（歴史家、弁護士、税理士、都市計画家、構造家、文化財担当者など）を巻き込んで、歴史的建造物の動態保存の仕組みづくりや、世論や行政に対して法制度の整備を訴えかけていく責任があるように思う。

と記しているが、16年経った今もこの想いは変わらずに続いている。

藤井厚二の調査が「16人の建築家」の調査へと発展

大阪本店設計部の有志は、期せずして、こうして大先輩である藤井厚二の人と作品について自邸「聴竹居」の実測調査を通じて知ることとなった。さらに、業務の一部として取り組むことになった彰国社の『環境と共生する住宅「聴竹居」実測図集』の企画・編集・原稿作成などの作業を進めていく中、最初の藤井厚二だけでなく、現代に続く設計組織をリードした藤井以降の建築家の歴史も調べて記録してみようとの想いが募っていった。そして、本社・設計本部が主管するデザイン専門委員会のもと、東京・名古屋・大阪本・支店設計部のメンバー総勢10名が参加して、2001年に竹中工務店歴史調査WGが発足し活動を開始することになる。

外部のアドバイザーには石田潤一郎京都工芸繊維大学教授をお迎えし、竹中工務店の設計組織を代表する建築家、構造家を石田先生と共に16人選び、社内外に眠る資料を集め、それをまとめる作業が続いた。そして、それらを発表する場として、まず「社内報」への連載が2003年に始まり、約2年間にわたり選んだ16人の建築家を毎月毎号一人ずつ紹介していった。そしてさらに、2005年東京本店新社屋の1階に創設されたギャラリーA4（エークワッド）のグランドオープン前のプレ・オープンとして「モダニズム16人展――竹中工務店設計部の源流展」と題した企画展へと発展することになる。この企画展はさらに2006年には大阪（竹中工務店大阪本店御堂ビル）へ、2007年には名古屋支店へと巡回した。

この展覧会が社内外の評判となったことがきっかけとなり、単行本の出版として実現したのが2010年12月に発刊となった石田潤一郎＋歴史調査WG編『16人の建築家――竹中工務店設計部の源流』（南風舎企画編集、井上書院）である。

こうして阪神・淡路大震災直後に有志で取り組んだ武田五一「芝川邸」の実測調査を端緒に、藤井厚二「聴竹居」の実測調査から始めた自主的な活動は、竹中工務店設計部のルーツを解き明かすプロジェクトに繋がっていったのである。普段、過去を振り返ることのない今を生きる竹中工務店の設計部員が、自らの設計組織の黎明期に活躍した建築家と構造家の人と作品、想いに触れ、そのＤＮＡを強く意識することができた。激動する現代において の羅針盤となる竹中工務店設計部のルーツと歴史を知ったことは、これからを進んでいくための大きな指針になったと思う。

『16人の建築家——竹中工務店設計部の源流』のあとがきに、こうした活動を約10年にわたって一緒に取り組んできた大阪本店設計部の野田隆史さんとの連名で活動を終えた想いを以下のように記した。

あたりまえのことではあるが、人にも建築にも寿命がある。

思い起せば、建築の歴史を記録することを意識し始めたのは１９９５年1月17日の阪神・淡路大震災であった。多くの人命が奪われ、見慣れた町や建物が一瞬にして崩れ去った大惨事。大建築家・武田五一の設計した「芝川邸」（１９１１〈明治44〉年竣工・西宮市上甲東園）が半壊し、移築（博物館明治村へ２００７年9月に移築完了）

のための実測と図面の作成を竹中工務店大阪本店設計部の有志が神戸大学の学生の協力を得て行ったのが震災の年の夏だった。和と洋を巧みに融合した「芝川邸」の調査は、自分たちが日々行っている建築設計やデザインのルーツをたどることの意義を実感した作業でもあった。そして、武田五一を調べる中で藤井厚二が竹中工務店設計部の最初期に在籍したことを知り、藤井厚二「聴竹居」の実測調査へと繋がっていく。いずれは失われていくであろう名建築の寿命を少しでも延ばしたい。またその建築とそれをつくりあげた人の記録を残し、後世へ伝えたい。本書の本当の原点は実はここにあるのかもしれない。

藤井厚二に始まる竹中工務店設計部の源流と歴史をたどる旅はこれで一応の区切りとなる。こうしてまとめ終えてみると、時代と距離をとり、個性的でありつつもバランスのとれた竹中工務店設計部を形作り、「棟梁精神を持った建築家」たらんとした創業者の強い意志を感じる。それは、棟札に記した「設計施工　竹中藤右衛門」の文字からも読み取れる。さらに、歴史をたどる中から竹中工務店設計部の現在での立ち位置を再確認することができた。過去を振り返ることは現在を見直すことであり、さらに将来を見通すことに繋がっている。

野田隆史・松隈章

私にとっての竹中工務店設計部

私自身、どうして竹中工務店の設計部を選んだのかと自問自答すると、設計と施工を分け隔てなく考えるのではなく、一貫して手掛けたい、チームで手掛けたいと思ったからだ。さらに、大学生だった1970年代後半に建築雑誌に登場していたいわゆるアトリエ建築家のアクの強いデザインをどうも好きになれなかった。大学の図書館で竹中工務店の企業誌「approach」のバックナンバーを見つけ、その巻末に紹介されていた設計施工作品のレベルの高さ、おとなしいデザイン、品の良さにピンときて、こうした建物を設計できる組織「竹中工務店設計部」に魅力を感じ入りたいと強く思ったからだった。

1980年に入社し1年間の見習いという修業期間を終えて念願だった大阪本店設計部に配属になると、当時の設計部には、入社試験の際、大学の設計演習をまとめた図面を最後にチェックしてもらった竹中工務店設計部の大御所の岩本博行さん（当時顧問）、雑誌「新建築」に次々と作品を発表していた永田祐三さんや狩野忠正さん、荻須記念美術館の設計コンペで最優秀をとり独立することになる徳岡昌克さんなど、つわものだらけのとても活気ある設計集団だった。まさに自由闊達な雰囲気に包まれていた。

入社2年目からすぐさまに実践。京都で総戸数24戸、7階建ての、三井不動産「御池パークマンション」と、小さな5階建てのオフィスビル「三善工芸本社ビル」、千里中央では一〇〇〇戸を超える大規模なマンション群「千里中央パークヒルズ」の実施設計と監理を、そのあと、神戸で銀行の仮設店舗「商工中金神戸支店仮店舗」と信用金庫の健康保険組合の会館「兵庫県信用金庫健康保険組合会館」、大阪で女子大学の食堂とクラブ室、「梅花女子大学クラブ棟・特別食堂」、神戸ポートアイランドのコーヒーの博物館「UCCコーヒー博物館」、素朴な田舎煎餅で有名な播磨屋の生野に初めてとなる直売店「播磨屋生野直売店」の茅葺民家の設計コンペなど様々なジャンルの建物の設計に携わることができた。入社数年は右肩少し下がりだった日本経済が80年代後半になるとバブルの時代を迎え、急激な右肩上がりに反転し、にわかに忙しくなっていった。

そして、バブル絶頂期の80年代終わりから手掛けることになったのが、大阪の水族館「海遊館」(天保山ハーバービレッジ計画)だった。別会社の設計事務所に移籍して、アメリカの設計事務所、ケンブリッジ・セブン・アソシエイツの基本計画を受けて基本設計・詳細設計、さらに現場に常駐しての設計監理までを担当することになった。20代終わりから30代初めの時期にこうした大阪の名所となる大きなプロジェクトの中心メンバーとして参画できたことは大きな自信に繋がった。

入社1年目の見習い明けの1981年から本社の企画室(現在の経営企画室)に移籍する2001年までの約20年間にわたって、まだまだ旧来の自由闊達な雰囲気が色濃く残っていた竹中工務店大阪本店設計部で過ごせたことは何よりだったと思う。1995年の阪神・淡路大震災をそうした雰囲気の中で遭遇したからこそ、「芝川邸の実測調査」「聴竹居の実測調査」「16人の建築家の調査研究」など自主的な活動に取り組むことを許され(許してくれる上司がいた）、できたんだと思う。藤井厚二に始まる竹中工務店設計組織のDNAを全く知らずに日々設計に没頭し、阪神・淡路大震災を端緒にその設計組織の歴史を紐解くことになった。期せずして前を向き進み新しいものを創造し続ける「建築家」と、過去を振り返り今という時代そして未来を見通す「建築史家」の両面を体験できたことが、その後の私自身のアイデンティティになり大きな財産になっていった。

平凡社コロナ・ブックス『聴竹居　藤井厚二の木造モダニズム建築』発行に繋がるご縁

１９９６年から様々な雑誌や展覧会図録などに藤井厚二と「聴竹居」について自ら寄稿したり、テレビ、新聞、雑誌などの取材対応を続けてきた。一方で、２００８年から一般公開を始めたこともあり、見学される方々にとって参考になる本、それも建築専門の出版社ではない出版社から一般向けのまとまった単行本を出したいと強く思い始めていた。

そう思い始めていた２０１３年12月、文化資源学会で顔見知りでもあった日本カメラ博物館の白山眞理さんから興味深い展覧会の案内が届く。日本橋髙島屋で開催されることになっていた報道写真とデザインの父「名取洋之助展」だ。白山さんが展覧会会場でギャラリートークをされる12月22日に観に行った。展覧会はもちろんなかなか良い内容だったが、展覧会に併せて刊行され会場で販売されていた白山眞理さんの著書、平凡社コロナ・ブックス190『名取洋之助　報道写真とグラフィック・デザインの開拓者』のコンパクトながら密度の高い本の内容と体裁、そして、手ごろな価格に感激した。そして、私は思わず白山さんに「藤井厚二の「聴竹居」の一般向けの本を出したいと思っているけれど、こんな本がいいなあ」と呟いた。なんとその日の夜はまさに平凡社コロナ・ブックスの出版関係者の打ち上げがあり、編集長に会うので、『聴竹居』をテーマに平凡社コロナ・ブックスを出せないか聞いてあげる」という願ってもいなかった展開になった。白山眞理さんには文化資源学会の2009年に実施した遠足で既に「聴竹居」を見学し、その良さを知ってもらっていたことも功を奏した。

そして、年が明けて2014年1月22日に平凡社の坂田修治編集長が、私が企画を担当したギャラリーA4（エークワッド）の第5回目となる木造モダニズム展「三里塚教会と吉村順三展」を見ることを兼ねて竹中工務店東京本店へ来られ、初めてお会いすることになった。その後、とんとん拍子に話は進み、2015年3月25日に平凡社コロナ・ブックス200号『聴竹居　藤井厚二の木造モダニズム建築』を出版できたのである。

実はとんとん拍子に話が進んだのには、後日談がある。この本の編集を担当してくれた京都在住の編集者の野澤好子さんが、数年前に友人の誘いを受けて「聴竹居」を訪れたことがあり、平凡社の坂田修治さんに「京都・大山崎に「聴竹居」という素晴らしい住宅があるので取り上げてほしい」と企画会議で数年来お願いし続けていたのだ。白山眞理さんから「聴竹居」の名前を聞いていた坂田さんが野澤さんに電話を掛け、「野澤さんが以前から推薦してきた住宅を本に取り上げてほしいと言ってきた人が居るけれど、その住宅は「聴竹居」だったかな?」と。こうして、編集は坂田修治さんと野澤好子さん、カメラマンはまさにギャラリーＡ４の「三里塚教会と吉村順三展」を始め私が企画して実施してきた木造モダニズム展に出展した建物の写真を撮りおろししてくれてきた竹中工務店大阪本店総務部所属の古川泰造さんにお願いすることで、あっという間に企画・編集体制ができ上がった。

「聴竹居 藤井厚二の木造モダニズム建築」(平凡社)

「聴竹居」の撮影は建物そのものやディテールだけではなく、春夏秋冬をテーマにすることになり、２０１４年の新緑からスタートした。「聴竹居」のある京都府乙訓郡大山崎町は、京都市内よりも温暖で冬は京都市内よりも暖かく、雪が降ることはほとんどない。実際、約20年大山崎に通っている私が雪景色に出会い撮影できたのは1回しかなかった。「雪景色の『聴竹居』をグラビアで載せることは絶望的なのではないかと関係者の誰もが思っていた。しかし、なんと年が明けた２０１５年お正月の1月1日、２日と大雪になり、地元の田邊均さんから連絡を受けた古川泰造さんが駆けつけ、２日の午前中に「雪景色の聴竹居」を奇跡的にカメラに収めることができたのである。これらの美しい四季の写真は、本書の巻頭にも一部掲載している。

藤井厚二建築との出会い　その1「八木市造邸」

2001年3月に発行した竹中工務店設計部編『環境と共生する住宅「聴竹居」実測図集』が、新たなる出会いをもたらしてくれた。藤井厚二が「聴竹居」の竣工2年後に同じ大工の酒徳金之助と共に完成させた「八木市造（重兵衛）邸」の現在の当主の八木重一さんに繋がることができたからだ。

三菱電機の重電のエンジニアだった八木重一さんが大型書店に立ち寄り、何故だかたまたま建築のコーナーで『環境と共生する住宅「聴竹居」実測図集』に目が留まり購入する。おそらくは2003年のことだ。本の中に掲載されている藤井厚二の建築作品目録を見て、八木さんのお父さんにあたる八木市造（重兵衛）が建てた「八木邸」が、現存でもなく、解体でもなく不明と記されていることを知る。普通はここで縁は繋がらないのだが、エンジニアとしてドイツに海外出張することが多かった八木重一さんは、ドイツに向かう飛行機の中でたまたま隣に座った人に声を掛け話し込むうちに、その人がドイツ竹中（竹中工務店の現地法人）の社員だと知る。そして、ドイツ竹中のその人に「聴竹居実測図集を購入してみたら、八木市造邸が不明と記されているが、現存しているのでその旨をこの本を編集した竹中工務店の人に伝えてほしい」と依頼したのだ。ドイツ竹中のその人（名前は失念してしまったが）から、私に八木重一さんの連絡先と現存する八木市造邸の持主だとの連絡が入る。連絡先を頼りにお電話したのはもちろんのこと、ほどなく八木重一・圭子ご夫妻を訪ねて「八木市造邸」を訪問することになった。

ちょうど「武田五一・田辺淳吉・藤井厚二展」の開催準備を進めていた時期に重なったこともあり、企画担当のふくやま美術館学芸員の谷藤史彦さんに「八木市造邸」が現存していることをお伝えして、谷藤さんも「八木市造邸」を見学に訪れることになった。そして、2004年1月から始まる展覧会に「八木市造邸」の居間のテーブルと椅子、電気スタンド、重ね式テーブル、蓄音機台、傘立てのなどの実物を初めて展示、展覧会オープニングには八木ご夫妻も駆けつけてくれたのである。

藤井厚二建築との出会い　その2「後山山荘」

2004年にふくやま美術館で開催した福山出身の3人の建築家、武田五一、田辺淳吉、藤井厚二の展覧会をきっかけに、その展覧会準備の段階から組織化され、展覧会開催後も活動を続けてきた近代建築福山研究会。私も展覧会開催の時は参加していたものの、藤井厚二にまつわる建物が全く福山には遺っていないことから、その後は福山に行くこともなかった。

2009年、ちょうど東京のギャラリーA4（エークワッド）の企画で「聴竹居と藤井厚二展」の準備のまっ最中の11月4日にギャラリー宛てに一通のメールが届く。

藤井厚二さんは「くろがねや」の一族とのこと。福山市鞆町後地の高台に「くろがねや」の別邸だった住居が、くずれかかった状態で存在しています。これも藤井厚二さんの作品の雰囲気があります。そうなのかどうなのかご存じであれば教えていただきたいと想います。実はその土地を先日入手し、壊して新しく住まいを建築することを考えています。　藤井英博

藤井厚二が関係した建物が郷里の福山に遺っているとは初耳だったので、直ぐさま、近代建築福山研究会のとりまとめをされているふくやま美術館の谷藤史彦さんに連絡をとり、現地へ建物の確認に行ってもらった。谷藤さんたちは、11月16日に現地を見て、翌日、写真が添付されたメールが届く。見るとサンルームの外観が「聴竹居」にそっくりで、藤井厚二が関わった建物だと確信した。しかし、廃屋になっていてほとんど崩壊していて、もう壊すしかなく、どうしようもないと思った。谷藤さんには、せめて写真や簡単な図面で記録するしかないと返信するしかなかった。

しかし、12月に入って奇跡が起こる。土地を取得しメールをくれた藤井英博さんが地元福山で活躍している若手建築家の前田圭介さんに設計を依頼したからだ。前田さんも地元出身の藤井厚二の作品と分かったことで「私はこの家を壊せません。藤井厚二の設計した建築を壊したらこの業界に居られなくなります」と藤井英博さんを説得、藤井さんが名付けた「後山山荘」は、廃屋状態から奇跡的に再生を果たすことになったのである。

福山市に遺る藤井厚二が関係した唯一の建物「後山山荘」は、こうして福山出身の建築主と建築家の深い郷土愛と情熱によって2013年9月に保存再生された。

竹中工務店が「聴竹居」の取得に至った経緯

2008年の初夏から始めた任意団体・聴竹居倶楽部の活動も、2013年6月24日の天皇皇后両陛下の行幸啓の実現を機に、持続可能な組織への転換を迫られるようになった。当然の成り行きながら、行幸啓された建物として解体・更地にすることができなくなったからだ。具体的には、①相続や固定資産税など個人財産のまま永続的に所有・維持管理していくことには限界があること、②ボランティア的な脆弱な組織であるがゆえに聴竹居倶楽部の世代交代とモチベーションの維持には限界があること、③文化財的に無指定なままではいつ何時更地・売却になってしまうかもしれないということが危惧されること、などである。

おぼろげに「なんとかしなければ」と考えていた２０１５年春、思わぬ展開が訪れる。竹中工務店の宮下正裕社長が京都で開催された日本医学会の総会でのスピーチを頼まれ、「建物」×「健康」をテーマに発表することになった。その発表用のスライドを準備する中で「健康」「環境」を追求した「住まい」として「聴竹居」を紹介することになったのだ。スライドを準備していた社員がスライドに「聴竹居」を組み込んだことを宮下社長に報告すると、宮下社長からは『聴竹居』を見ていないのでは話ができない。事前に視察したい」との意向が示された。ちょうど、平凡社コロナ・ブックス『聴竹居　藤井厚二の木造モダニズム住宅』が刊行された直後でもあり、宮下社長の視察には、編集でお世話になった野澤好子さん、撮影を担当した竹中工務店のカメラマンの古川泰造さんに同席してもらうこととした。一般公開日を避け、ゆっくりと「聴竹居」を案内した後、縁側にて宮下社長と歓談し、「聴竹居」の素晴らしさ、大切さを十二分に体感して頂く機会が持てたのだった。

こうした動きの中で、竹中工務店社内での「聴竹居」への関心が高まり、社内関係者の様々な議論を経て以下の点を念頭に検討を進めていくことになった。

①２０１９年が竹中工務店の創立１２０周年の年にあたり、その記念事業として位置付けることができる可能性があること

②２０１８年は藤井厚二生誕１３０年・没後80年、「聴竹居」竣工90年の節目を迎えること
③現所有者では、個人所有のままでは維持管理していくことに限界があり、藤井厚二とゆかりのある竹中工務店の取得を希望されていること

そして、様々な社内関係者での議論で、「聴竹居」を所有者の要望を受ける形で、あくまで企業の社会貢献（ＣＳＲ）として取得することと、取得後の日常管理運営を今まで通り、実績のある地元住民中心の組織「聴竹居倶楽部」で継続していくことが基本方針として固まっていった。

その後、社内稟議手続きと機関決定と所有者との所有権移転に関する様々な調整を経て、２０１６年12月20日に「聴竹居」の土地・建物の所有権移転が無事完了した。１９９６年夏に藤井家と「聴竹居」との繋がりを持って以来、約20年、私はその日、小西章子さんに「お互いに元気で良かったですね」とお声がけした。藤井厚二の次女で所有者だった小西章子さんが、「ホッとしました。これで、父（藤井厚二）に報告できます」と、この日を無事に迎えることができたことを何よりも喜んで居られたのを拝見して、本当に良かったと感じると共に、心の底から嬉しく思えた瞬間になった。

任意団体から一般社団法人へと移行した「聴竹居倶楽部」

「聴竹居」の所有が株式会社竹中工務店、日常の維持管理公開活動を２００８年春から２０１６年12月まで続けてきた聴竹居倶楽部がそれぞれ分担することになったが、やはり、組織的には脆弱な「任意団体」としておくのは限界があり、検討の結果、公益性の高い「一般社団法人」に移行させることになった。法人の目的を「昭和初期を代表とするモダニズム建築である『聴竹居』を維持保全すると共に施設公開、文化展示、イベント、知名度向上に関する事業を行い、建築文化・教育普及、地域振興に寄与する」とした「定款」をつくり２０１６年12月７日に京都の法務局に法人登記した。

株式会社竹中工務店が主体的に創った一般社団法人ではあるが、私として特にこだわった点が、その役員構成だった。法人の設立時の役員は最小限の人数とした上で、３人の理事の一人を大山崎町役場の役職者に、さらに、二人の監事のうちの一人を藤井家とすることにしたのだ。そして、理事には大山崎町の現在の副町長の杉山英樹さんに、監事を前所有者の小西章子さんにお願いし了解を得ることができた。趣旨としては、地域の大切な文化資源である「聴竹居」の日常の維持管理、利活用を、所有者である企業の竹中工務店だけの閉じた組織で行っていくのではなく、地元の大山崎町役場、さらに、藤井厚二の遺族と共に行っていくことが望ましい姿であると考えたからである。こうして、竹中工務店＋大山崎町＋藤井家共同の役員構成とした「一般社団法人聴竹居倶楽部」は誕生した。

一方で、今まで任意団体として推進してきたガイド付き見学対応などの実務を実際に担う体制については、大山崎町の住民有志、「聴竹居」の近隣住民の見学対応スタッフを拡充しながら継続していくことにした。事務局長は、２００８年春に任意団体を立ち上げる時からずっとお世話になった荻野和雄さんから、見学対応スタッフとしてここ数年実績を上げてきた田邊均さんに代えてお願いすることとした。田邊均さんの自宅は、なんと「聴竹居」のお隣、生まれも育ちも大山崎。さらに「藤井厚二の遺族から土地を分けてもらって両親が建てた家で生まれ育った。『聴竹居』を遺していくことに関わることができて嬉しい」と田邊さんもおっしゃってくれた。専従の事務局として、大山崎出身の石山佳永子さんに加わっていただくことにした。そして、見学対応スタッフは、初期のメンバーの荻野和雄さん、谷口久敏さん、森本素生さん、林亨さんに、近所のメンバーである富永健司さん、美濃部幸治さん、坂爪寛人さんが近年加わり、さらに、鍛治覚さん、塩田洋一さん、林良次さん、安田演之さん、宮本貴子さん、藤原真名美さんが２０１７年から加わって、田邊均さんを含め総勢14名になった。さらに、以前から、献身的に手伝ってくれていた土井洋子さん（土井さんは藤井が住宅普及のプロトタイプとして建てた小住宅で生まれ育った）をはじめとするご近所の方々に多く参加していただくという、地元中心の対応体制をつくることができた。

一般社団法人聴竹居倶楽部と株式会社竹中工務店の役割分担

聴竹居倶楽部と竹中工務店の役割分担については、様々な関係者との検討・調整を経て、土地・建物の維持管理については所有者である竹中工務店が、見学者対応・見学料の徴収（大人1000円、学生500円など）・定期清掃・日常管理業務については、竹中工務店から業務委託契約により聴竹居倶楽部が行うこととした。さらに、両者が単に業務委託関係であることを超えて、「相互に協力して「聴竹居」の文化的価値向上に努めること」を趣旨とした覚書も締結した。こうした体制を構築することも竹中工務店としては初めてのことであり、本社の様々な部署、さらには関連会社を含め、オール竹中として総力を生かして取り組んでいくことになった。

「聴竹居」の国の重要文化財指定へ向けた動き

昭和初期の木造モダニズム建築を代表するものとして「聴竹居」は、1999年にDOCOMOMO20（日本のモダニズム建築、最初に選定された20作品）に選ばれた。

その頃から文化庁や京都府教育庁文化財など関係者の間では、昭和の住宅として初となる「重要文化財指定」の話がささやかれ始めていた。なかなか重要文化財指定の話が具体化していかない中、2005年7月21日に「聴竹居」の所有者代行の小西伸一さんと京都府教育庁文化財の平井信行係長（当時）と私の3人で文化庁に堀勇良参事官付主任調査官（当時）を訪ね、「聴竹居」の重要文化財指定について相談したことがあった。その時は、個人財産として「聴竹居」を国の重要文化財に指定しても、固定資産税や相続税の減免措置、保存修理工事費の補助に留まるのであれば、個人所有者としては「重要文化財指定」には同意することはできないとの話だった。「重要文化財」に指定されると、通常は売却が困難になることもあり不動産価値が下がると共に、指定後に行われる保存修理工事費の個人負担（国・府・町が最大8割5分補助するものの残りは個人負担）が発生するからだ。「聴竹居」は文化庁をはじめとする文化財行政、建築史家などの有識者からは、国の「重要文化財」の価値があると評価されつつも、経済的な負担が大きい個人所有の限界から無指定のまま推移していた。

2016年に「聴竹居」を竹中工務店が藤井家から譲り受けて保存公開することの意向が固まりつつあった時期、たまたま私的に文化庁の熊本達哉参事官（当時）に初めて会う機会があったので、そのことを内々にお伝えした。かつてから「聴竹居」の価値に鑑みた文化財としての保存を考えていた熊本参事官は、「個人所有から企業所有になることは望ましい方向ですね」と話された。そして、2017年4月に行われる「重要文化財指定」の諮問を目途に動き出すことになり、京都府教育庁文化財、さらに大山崎町教育委員会文化財と共に指定のための準備作業を開始した。

指定のためには当然のことながら、指定範囲を決定する土地測量図、指定建物の図面、建物の写真が必要不可欠だった。土地測量図については、既に所有権移転の手続きの中で測量と図面化が進んでいた。一方で指定を受ける3つの建物（本屋・閑室・茶室）の図面については所有者となる竹中工務店が独自に用意する必要があった。担当に指名された大阪本店設計部の有田博さん、中村圭祐さんに直ぐさま図面作成業務を依頼した。2000年に竹中工務店大阪本店設計部の有志（リーダー・松隈章ほか28名）が実測した時の図面データ（CADデータ）は、私が大事に保管していたが、コンピューターソフトの更新はここ十数年激しく、その当時の図面データが復元（現在のソフトで読み込め、修正）できるかどうか怪しかった。しかし、幸運にも実測した時に作成した全ての図面データを復元することができたのである。

こうして2000年に大阪本店設計部の有志で行った実測調査が十数年を経て今回の重要文化財指定のための大事な基本の資料として活用されることになった。実は、有田博さん、中村圭祐さんも私と共に当時実測調査団に参加した有志のメンバーだった。休日を返上して当時実測調査に献身的に参加してくれたメンバーの想いが、今回の取り組みにも繋がった嬉しい出来事となった。建物の写真についても、2015年3月に刊行した平凡社コロナ・ブックス『聴竹居　藤井厚二の木造モダニズム建築』の時に約1年をかけて撮り下ろしをしてくれた大阪本店総務部所属社員でカメラマンの古川泰造さんの写真（クレジットは竹中工務店）を使うことができたこともラッキーだった。

２０１6年12月末に竹中工務店が「聴竹居」を取得してからは準備作業も本格化。文化庁の西岡聡参事官付主任調査官、京都府教育庁文化財の竹下弘展さん、大山崎町教育委員会文化財の寺嶋千春さん、そして、大阪本店設計部の中村圭祐さんとの共同での準備作業は進み、２０１７年５月19日に行われた文化審議会文化財分科会で無事に松野文部科学大臣に答申された。

「聴竹居」が国の重要文化財に指定されたことの意味

２０１７年５月19日に文化審議会から松野文部科学大臣（当時）に、「聴竹居」を重要文化財に指定するよう答申がなされ、７月31日に出た官報で指定決定の通知があった。

指定名：重要文化財　聴竹居　旧藤井厚二自邸

新たに10件（新規９件、追加１件）が同時に指定されたが、その中でも「聴竹居」は特筆すべきとして、「京都帝国大学教授であった藤井厚二が、日本の気候風土や起居様式に適合した理想的な住宅を追求して完成させた自邸である。機能主義の理念と数寄屋技法の融合、室内環境改善のための設備整備などの創意が実践されている。工学的理念に基づいたモダニズム住宅の先駆的存在として住宅史上、建築学上重要である」と記載された。また、指定の名称についても、建築家が自ら名付けた自邸であるとの判断から、従来「〇〇家住宅」とされてきた名称を改め、初のネーミングとして「聴竹居　旧藤井厚二自邸」としている。尚、建築家の自邸としては西村伊作の「旧西村家住宅」（１９１４〈大正３〉年竣工・和歌山県）があり、その他にもいくつかの「住宅」が重要文化財指定されているが、「昭和の住宅」として初めての国の重要文化財となったことも特筆すべきだろう。

２０１６年に20世紀を代表する建築家の一人、ル・コルビュジエ（１８８７〜１９６５）の一連の建築作品が世界文化遺産に指定されたが、その中で日本に唯一コルビジェの作品として現存する「国立西洋美術館」が同じく世界文化遺産に指定されて話題になった。日本の世界文化遺産を見てみると、ほとんどが社寺仏閣で、近・現代建築は、「原爆ドーム」と「国立西洋美術館」のわずかふたつしかない。いずれもが外国人建築家の設計によるものだ。一方、20世紀に限った世界文化遺産を見てみると、１９２０年代、30年代を中心に新しいものでは１９７０年代の建物までもが選ばれているのだ。

このように世界の潮流は、１９７０年代のものまでを視野に入れているのにもかかわらず、日本人にとって、文化財指定された、もしくはされるべき建造物のイメージは、まだまだいわゆる古建築である社寺仏閣、城郭や明治・大正時代のいわゆる洋館（西洋館）、または古い民家や伝統的な街並みに留まっている。

１９２０年前後に世界各地で始まるモダニズムあるいはインターナショナル・スタイル

の潮流は、今、私たちが目にしている現代建築のルーツ（源流）といえるものだ。今、日々創り続けられ、また、今後創られていく建築のこれからを考えていく上で、ここ100年間に建てられた建築群の存在は、生き証人として極めて大事だといえるのではないだろうか。

「聴竹居」は世界的な建築近代化の重要な作品

以下、日本の近代建築史家の第一人者のひとり、鈴木博之さん（1945〜2014）の言葉を紹介する。

英国の「レッド・ハウス」（1859）、ドイツの「ベーレンズ自邸」（1901）、アメリカにおける「プレーリー・ハウス」群、フランスの「サヴォア邸」（1931）という郊外の独立専用住居の系譜のなかに、藤井厚二の「聴竹居」（1928）を置くことは強引で、日本の立場に立ちすぎた身贔屓に過ぎるだろうか。
世界の建築史上の位置づけを公平に行うならば、たしかに「聴竹居」は無名に近い。しかし、近代を迎えた各国がそれぞれ自分たちの近代住居の模索をつづけていった歴史のなかで見る時日本における藤井厚二の試みは十分に自国の生活を見据えたオリジナルな試みなのである。

藤井が「近代」と「日本」を等価に見据え、それを単純に藤井厚二の個人的世界を結晶させた私小説的な小品と考えてはならないであろう。ここには骨太な、近代住居探求のこころざしが横溢しているのである。

藤井のこころみは西洋の住宅建築の輸入・紹介ではなく、そこに見られた近代生活の探求を自らが実践することであった。数寄屋的な表現が現れたとするならば、それは日本の住居の基本として彼が近代以前における独立専用住居のモデルをそこに置いたからにほかならない。

様式や手法の手本として西欧の建築を見るのではなく、モデル探求の方法において西欧の建築の動きを見据えた建築家は、じつはそれほど多くない。藤井の位置は、そこから判断されるべきなのである。

結論として、「世界的な建築近代化の課題に取り組んだ日本の例として、極めて重要な作品」としている。（「聴竹居の世界」鈴木博之著　季刊「ａｐｐｒｏａｃｈ」２０００年冬号より）

今般、昭和の住宅として「聴竹居」が初めて国の重要文化財に指定された意義は、今私たちが暮らしている日本人のための「住まい」の原型をきちんと見直すきっかけをもたらしたことにあると思う。さらに、建築家が自らの住まい（自邸）で挑戦した新しい住まい方を実物をもって知る機会も与えてくれるものだといえる。

参考＜日本の世界文化遺産　リスト＞（建設世紀）登録年　＊日本は社寺仏閣中心に16件

1. 法隆寺地域の仏教建造物（7世紀）　1993年
2. 姫路城（17世紀）　1993年
3. 古都京都の文化財（8～17世紀）　1994年
4. 白川郷・五箇山の合掌造り集落（17世紀）　1995年
5. 原爆ドーム（1915年・20世紀・ヤン・レツェル設計）　1996年
6. 厳島神社（13世紀～）　1996年
7. 古都奈良の文化財（8世紀～）　1998年
8. 日光の社寺（17世紀）　1999年
9. 琉球王国のグスク及び関連遺産群（14世紀）　2000年
10. 紀伊山地の霊場と参詣道（12世紀）　2004年

11. 石見銀山遺跡とその文化的景観（16世紀）　２００７年
12. 平泉―仏国土（浄土）を表す建築・庭園及び考古学的遺跡群（12世紀）２０１１年
13. 富士山　２０１３年
14. 富岡製糸場と絹産業遺産群　２０１４年
15. 明治日本の産業革命遺産（山口，福岡，佐賀，長崎，熊本，鹿児島，岩手，静岡）２０１５年
16. 国立西洋美術館（ル・コルビュジエの建築作品――近大建築運動への顕著な貢献）（１９５９年）　２０１６年

参考＜世界の「20世紀建築」世界文化遺産＞　＊21世紀になってから登録が加速

1. ブラジリア（１９６０年）　１９８７年・ブラジル
2. ヴァイマールとデッサウのバウハウスとその関連遺産（１９２６年）１９９６年・ドイツ
3. 建築家ヴィクトール・オルタによる主な邸宅群（１８９４〜１９０３年）２０００年・ベルギー
4. リートフェルト設計のシュレーテル邸（１９２４年）　２０００年・オランダ
5. ミース・ファン・デル・ローエ設計のブルーノのツゲンドハット邸（１９３０年）

２００１年・チェコ
6. テル・アビーブのホワイトシティー近代化運動（１９３０年代）
２００３年・イスラエル
7. ル・アーヴル、オーギュスト・ペレによる再建都市（１９４５〜１９６４年）
２００５年・フランス
8. シドニー・オペラハウス（１９７３年）　２００７年・オーストラリア
9. メキシコ国立自治大学（ＵＮＡＭ）の中央大学都市キャンパス
（１９４５〜１９５２年）　２００７年・メキシコ
10. ベルリンの近代集合住宅群（１９１０〜1933年）　２００８年・ドイツ
11. アルフェルト町のファグス工場（１９１３年）　２０１１年・ドイツ
12. ル・コルビュジエの建築作品――近大建築運動への顕著な貢献
２０１６年・世界各国

第五章　建築を社会に拓く

美術館での建築展──建築を一般の方々に届けるために

阪神・淡路大震災を経験した時に強く感じたことのひとつは、建築が社会に拓かれていないことと、建築家が街や地域にほとんど関わっておらず、その活動が地域に根付いていないことだった。建築は極めて社会的な営みにもかかわらず、こうした現実を目の前にして大きなショックを感じると同時に「建築を社会に拓く」ことの大切さを伝えるために、具体的な行動を起こしたいと考えるようになっていった。それは、個々の建物をデザイン（設計）する「モノづくり」よりも、より良い建物が成立できる土壌をつくる「コトづくり」のほうがより大切だと感じた瞬間でもあった。

そして、前述したように運良く1996年に三重県立美術館での藤井厚二「聴竹居」の展示協力を通じて美術館での展覧会企画の面白さの一端にふれることになった。それは、建築専門家ではない一般の方々へ建築を拓くことの面白さであり、建築史という建築の歴史の部分からだけではなくもっと俯瞰的にそれぞれの時代の社会、経済、文化、思想などの観点から建築を捉える面白さだった。

その後も、ラッキーなことに次々と美術館・博物館などでの様々な企画展に参画することができた。

・文化遺産としてのモダニズム建築──DOCOMOMO20選展　展示協力　2000年

・モダニズム建築関西展実行委員会委員　神戸&芦屋両展実行委員　２００１
　――ＤＯＣＯＭＯＭＯ20選展@神戸市立博物館、関西のモダニズム建築20選展
　@芦屋市立美術博物館
・ワタリウム美術館「伊東忠太の世界展」展示協力　２００３年
・ふくやま美術館「武田五一・田邊淳吉・藤井厚二」展覧会　顧問　２００２～２００４年
・『文化遺産としてのモダニズム建築――ＤＯＣＯＭＯＭＯ１００選』東京展
　松下電工汐留ミュージアム　実行委員会ワーキンググループメンバー２００４～２００５年
・『文化遺産としてのモダニズム建築――ＤＯＣＯＭＯＭＯ１００選』関西展
　大阪市立住まいのミュージアム　実行委員会委員　２００５～２００６年
・『ウィリアム・メレル・ヴォーリズ展』軽井沢浮田山荘原寸模型展示監修　２００８年
・ワタリウム美術館「磯崎新12×５＝60」展「鳥小屋」原寸模型展示協力　２０１４年
・世田谷美術館「竹中工務店４００年の夢―時をきざむ建築の文化史展」展示企画・実施
　２０１６年

今でこそ多くの美術館・博物館でいわゆる「建築展」が企画・開催されるようになったが、その黎明期に近い１９９６年からこうした企画展に数多く関わることができ、学芸員をはじめ建築史家など様々な専門家とのネットワークを構築できたことも大きな財産になっていった。

「建築・愉しむ」というコンセプト――ギャラリーA4の創設に参画

2001年春から2004年春まで長年、在籍してきた大阪本店設計部を離れ、本社（大阪）の企画室（現在の経営企画室）に移り、設計組織の経営戦略などを考えることを経験した。それはそれで、俯瞰的に設計組織を見ることができる良い経験になった。3年経った2004年春に大阪本店設計部に戻るつもりでいたが、突然、2004年4月1日付で東京の本社にある地球環境室へ異動することになる。2005年に東京で開催されるサステナブル・ビルディング世界会議・東京大会（略称 SB05 TOKYO）に参加すべく竹中工務店全社を取りまとめよとのミッションだった。21世紀は環境の世紀といわれて久しいが、その真っただ中に関わることになった。こうしてまたまた期せずして初めての東京勤務と新しい部署への異動、さらに初めての単身赴任生活が始まることになった。

これもたまたまだが、ちょうど異動した2004年、その秋に銀座にあった竹中工務店の東京本店社屋を現在の江東区新砂に新築移転することになっていた。そして、移転される新しい社屋の1階に「ギャラリースペース」が計画されていた。しかし、類似施設の調査研究は終わってはいたものの、肝心のどんなコンセプトでどのような企画展を行う施設を目指すのかはほとんど真っ新の状態だった。後に館長になる川北英さんとは大阪本店設計部時代の先輩として旧知だったこともあり、誘いを受けて、その白紙の状態で施設の企画段階から参画することになった。それは、それまでの様々な企画展に関わった経験や人的なネットワークが生かせる絶好の場と機会になっていった。

川北さんの呼びかけで主体的・自主的に集まったメンバーが最初に取り組んだのがネーミングだった。竹中工務店の東京本店の新社屋1階のスペースを使うことが決まっていたこともあり、「竹中工務店」とわざわざ名乗らなくても良いのではとの発想もあり、「ギャラリーA4（エークワッド＝4乗）」と決まった。アルファベットのAには、始まり、建築、アート、アプローチ、アトモスフィアなど多義的な意味を込め、4乗には空間に時間軸を加えた意味合いを持たせたネーミングになった。続いてギャラリーの企画方針の骨格をなすコンセプトの立案に取り掛かった。私自身がそれまでの様々な経験から、「建築を社会に拓く」、そして、藤井厚二が著書『日本の住宅』に記していた「住宅は——中略——各人の性情に適応したる愉快なものであることが必要です」を思いだし、それらをこめたコンセプト案をメンバーに提案した。以下にその時の全文を紹介する。

ギャラリーA4コンセプト（案）2005年7月　松隈作成

「〝建築〟は人気なんですよ」とは、ある女性誌編集者の弁。雑誌の世界では、建築専門家向けに限定はしていない建築情報誌「CASA BRUTUS」や「Pen」、インテリアを中心に扱う女性向けの住宅雑誌、さらに、今年になって女性誌でも「聴竹居」などを特集で扱っている。一方、テレビの世界でも「世界遺産」や「渡辺篤史の建もの探訪」や所ジョージの「大改造!! 劇的ビフォーアフター」をはじめとして、今年始まったBS日テレ「ホテル・ノスタルジア」など、住宅からホテルまで、幅広く「建築」を紹介する番組も増えてきている。ということで「建築」は、近年、建築専門家のみならず、一般の人々も関心を寄せる大きなテーマになってきた。創業から「建築」(だけを)一筋に業界のトップランナーとして創ってきた竹中工務店が開設する「ギャラリーA4」も当然、そうした一般の方に対して広く「建築」を知って頂く情報発信を目指すのは必然のことである。建築一筋だからこそ、「建築」を変えるのは竹中でありたいという願いを込めて。

しかし、ただ単に「建築」を知って頂くだけではない強いメッセージが必要である。

そこで、「建築」をその中心テーマにおくギャラリーのコンセプト・ネーミングとして、「愉しむ」を設定したい。この「愉しむ」という言葉を「建築」と併せてネーミングする。

「愉しむ」には、「建築を愉しむ」「建築で愉しむ」「建築と愉しむ」「建築も愉しむ」など、専門家のみならず、一般の方が「建築」を「愉しみ」そして、面白く楽しいものとして興味を持っていただき、好きになってもらいたいといったコンセプトの発信の意味をこめている。そして、「建築」をご理解頂くことが「建築」文化の発展に寄与することに繋がっていく。「建築・愉しむ」には、その楽しみ方の媒体として、「建築写真」「建築スケッチ」「アート」「映画」「本」などがあるし、テーマとしては、「建築と歴史」「建築と人」「建築と自然」「建築と食文化」「建築と都市」「建築と環境」「建築と道具」など幅広いものが考えられる。つまり、「建築」の「愉しみ」方を提供するギャラリーというコンセプトとネーミングである。いつ訪れても「建築」の「愉しみ」方を色々な媒体で紹介し、専門家から一般の方まで「建築」を「愉しめる」……そんなギャラリー。（「いつ訪れても」が強いブランドをつくっていく）「建築」を「愉しむ」ことをテーマと考えると、単なるショールーム的な商品の紹介ではそうならないが、「技術」でも「愉しむ」（「愉しみ」ながら学習）ことができるものは、展覧会化可能といえる。例：「ドームの屋根ってどうやって支えてるの？展」また、発展系としては「建築」を実際に「愉しむ」ことのできる「建築見学ツアー」や街に出て行う「建築写真撮影講座」「建築スケッチ講座」、大工道具館の「ワークショップ」などの活動も十分考えられる。

Aの４乗の意味も、Aの３乗が「建築」、最後のAは、Atomosphere（空気、雰囲気）やAmusement（愉しみ・娯楽）という捉え方もできるし、あるいは、「建築」（A3乗＝空間）を3次元だけではなく、時間のファクターを取り入れ4次元的に「愉しむ」という捉え方もできるのではないか。以上このコンセプト案は、ほぼそのまま上層部の了解が得られて、ギャラリーA4のコンセプトに採用された。

2005年9月に写真家の石元泰博さんの「石元泰博写真展――都市への視線」展でグランドオープンし、その後、私は「建築・愉しむ」を実施に移すべく企画マネージャーとして「建築展」と「100人の撮影会」のふたつのテーマを主に企画し実施していくことになった。

まず、「建築展」でこだわったのは、専門家を含め有名な建物を取り上げるのではなく（生きている建築家は扱わないことを掟にした）、どちらかといえば、時代の先端を追いかけるジャーナリズムからは見逃されそうな建物を専門家のみならず一般の方々にも知って頂けるようにテーマ設定をしていった。シリーズとなったのは、日本独自のモダニズムといえる「木造モダニズム」展で、2008年から2013年にかけて5回ほど企画・開催した。その中に藤井厚二の「聴竹居」も当然組み込んだ。

「100人の撮影会」は、ギャラリーA4設立時に外部アドバイザーとして招聘した東京大学大学院教授の木下直之さん（現在もアドバイザー兼評議員）と発案した一般の方々が参加する参加型イベントとした。実はそれは、阪神・淡路大震災の翌年に神戸の団体capの主催で神戸の旧居留地一帯をエリアに「レンズ付きフィルム」いわゆる使い切りカメラを参加者に配り、まる一日かけて撮影し、その全てを展示するイベントを参考にしたものだった。この時、兵庫県立近代美術館の学芸員だった木下直之さんが主催者側におられ、当時木下直之さんとは同じ街・塩屋町に住んでいて旧知だった私も参加したイベントだった。普段見慣れているはずの街を実はあまり良く見ていない、また、街の歴史や成り立ちをほとんど知らないことを見つめなおすとても良いイベントで、２００６年改築直前の「東京駅」を第1回として２０１１年の「深川」まで都内で6回開催した。

この「１００人の撮影会」シリーズは、全く同じやり方で「百人百景」としてそれぞれ主催者を代えながら、２００８年の我が街「塩屋」を皮切りに、「京都・岡崎」「京都・大山崎」「名古屋」「愛知県・岡崎市」「静岡県・袋井市」と全国各地へと広がっていった。２０１７年も「愛知県・豊橋市の商店街」で開催され、今後もさらに全国各地に広がっていくことだろう。

自由闊達な雰囲気のもと、自主的な活動を許されてスタートした社内委員会的なギャラリーＡ４も、社会的な評価が高まる中で、景気や会社の経営状況に影響を受けにくい持続可能な組織とすべきとの機運が高まっていった。そして、先ず２０１２年1月には一般財団化し、ギャラリーのいくつかの建築展で既にお世話になっていた建築史家の鈴木博之先生に理事のお一人として就任して頂くことができた。さらに、２０１３年3月にはより公共性の高い公益財団化を完了した。その後、２０１４年には理事だった鈴木博之先生が亡くなられたことを受けて新しい理事として、旧知の建築家の内藤廣さんに後任の理事になって頂くことができた。そして、２００５年9月のグランドオープン以来、建築を愉しみながら社会に拓いていく地道な活動が評価され、公益社団法人企業メセナ協議会が主催する「メセナアワード２０１４」において、栄えある「メセナ大賞」を受賞することができたことは、思ってもみなかったことながら、多くの方々と共に歩んできたことが報われた瞬間でもあった。

世田谷美術館「竹中工務店４００年の夢――時をきざむ建築の文化史――」

公的な美術館で建設会社の展覧会を開催する――建築を社会に拓く意味で思いもかけなかったことが２０１６年に実現した。世田谷美術館「竹中工務店４００年の夢――時をきざむ建築の文化史――」だ。

この展覧会は、世田谷美術館が近年「企業と美術」というテーマで業種を異にした企業とタイアップした展覧会シリーズ、「福原信三と美術と資生堂展」（２００７年）、「暮らしと美術と髙島屋展」（２０１３年）、そして「東宝スタジオ展」（２０１５年）に続く第４弾として世田谷美術館で企画されたものである。このシリーズの企画趣旨は、各企業の長年にわたる事業展開のなかで醸成された様々な文化的事象や、それらにまつわる幅広い周縁事項を探り出すことを通じて、私たちの暮らしと、また暮らしに関わる多種多様な文化的状況をも照らす試みとしている。

数年前、世田谷美術館が「企業と美術」の第4弾としてテーマにしようと考えついたのが「建築」だった。世田谷美術館の酒井忠康館長は、2005年に竹中工務店東京本店1階にオープンしたギャラリーA4の立ち上げ時から社外アドバイザーの一人になって頂き、さらに、一般を経て現在は公益となった財団法人の理事の要職にある。

その間、黎明期にあったギャラリーA4で企画した数多くの展覧会や竹中大工道具館のギャラリーA4での企画展にアドバイザーとして直接あるいは間接的にアドバイスを頂き、ずっと竹中工務店のギャラリーA4のメンバーと関わりを持ち、あたたかく見守ってきて頂いた。こうしたギャラリーA4の活動を通じて培った信頼関係により、この「建築」をテーマにした「企業と美術」シリーズのタイアップ企業として「竹中工務店」が選ばれるに至ったのである。

ギャラリーA4が、「建築・愉しむ」をコンセプトに「建築を社会に拓く」という活動を2005年から続けてきたことを認めてもらえたのは本当に嬉しくラッキーなことだったといえる。ギャラリーA4で「建築展」の企画実施や竹中工務店の設計部の歴史をまとめた『16人の建築家』の企画・編集・執筆にも携わった経験を生かせる絶好の場として私は積極的に実行委員の一人として参画することにした。

大手建設会社の一角を占める竹中工務店は、土木事業を持たず建築専業であること、さらに、棟梁精神に基づいた設計と施工を両方共に一貫して行う設計施工の率の高さを特徴としている。竹中工務店の歴史は、織田信長の普請奉行を務めた竹中藤兵衛正高にまでさかのぼることができる。織田家滅亡後のいわゆる「清洲越え」で名古屋に移り、神社仏閣の造営を主業とする工匠の道に入り、1610(慶長15)年に創業している。そして、名古屋の地から神戸に移り、近代建築を手掛けるようになったのが1899(明治32)年で、この年を創立としている。この展覧会は、こうした日本の建設業のひとつである竹中工務店の約400年の歩みを土台として、社会的、文化的な諸状況をふりかえることで、日本が近代化していく過程を〝建築〟という視点で眺望しようとすることが意図されたのである。

いわゆる「建築展」は、20年ほど前から全国各地の美術館で企画されるようになり、徐々にその開催数も増え、今では大きな公立の美術館で開催されることも珍しくなくなってきた。しかし、この展覧会はそうした「建築展」とは一線を画している。今までの「建築展」は、建築家の展覧会に見られるように、図面、写真、模型など設計者側のアウトプットだけで構成された展示で、それはいわば作り手側だけの一方向からの展示だった。しかし、今回は、社会が建物をどう捉えたか、さらにどういった時代背景から建物ができてきたかを含む双方向のものになっていることが大きなそして重要な視点になっている。つまり〝建築は時代を映す鏡〟〝建築を見れば時代が分かる〟をベースにした展示計画で、建築を通じてその時代時代の文化、社会、経済などを捉えることができるように、建築の周縁資料をあわせて収集・展示している。具体的には、建物を紹介する「竣工パンフレット」、画家が建物や街並みを描いた「絵画」、写真家が同じく捉えた「写真」、その建物で行われている活動を伝える「機関誌」などの出版物、その時代の新聞広告、その施設の活動を紹介する広告などによって、まさにその時代に建物という生き物が生きてきた姿を今に伝えるものを展示している。さらに、東京ドームのインフレート（空気圧で屋根を支える施工作業）など建物を造る行為〈施工〉を記録した映像、東京ドームの膜屋根や南極基地の外壁パネルなど建築を構成する材料の実物までも展示することによって、より身近に建物という生き物が生きた姿を伝えようと企図している。

「企業と美術」として取り上げられた「髙島屋」「資生堂」「東宝スタジオ」といった一般の方々を相手に事業を展開しているＢｔｏＣの企業と異なり、あくまで個々の建築主を相手に企業対企業＝ＢｔｏＢの事業を展開している建設会社を中心に据えたこの展覧会は、ここ数年広がりをみせている建築に興味を持つ多くの一般の方々に支持され、当初の予想を上回る2万人もの入館者をお迎えすることができた。展覧会期間中のイベントのひとつとしてご講演頂いた建築史家の藤森照信さんも、この展覧会について、「残念ながら世間の中での建築業界のイメージは決してよいとは言えない。世間そして家族に対してイメージを上げるには、こうした展覧会をはじめ、普通の人びとに向かっての働きかけを繰り返すしかあるまい。私の経験では、30年続ければ家族はともかく、世間は変わる」（雑誌「新建築」6月号）と記している。

従来の建築家を筆頭に作り手側の視点で語るいわゆる「建築展」とは異なり、「設計・施工を担う企業を取り上げつつ、建物を眺め、そこで働き、暮らした同時代の人々のまなざしに重点を置く」（「日本経済新聞」5月4日夕刊より）新たな切り口を提示した本展覧会は、さらに、「展示の終盤は明治生命館など歴史ある建物の保存修復に当てた。建築は所有者や設計者だけの創造物ではない。町の住民や道ゆく人々と共に生きていることを改めて示唆している。」（同紙）にあるように、「建築とはいったい誰のものだろうかという問いには、明快な答えはなさそうである。ただ、様々な公共財の一つとして建築文化というものを考えてみる時代を、既に私たちは迎えているのではないだろうか。」（展覧会図録「竹中工務店400年の夢」展覧会ノート・橋本善八・展覧会図録より）という問いかけを世間に示すものになった。約1年間、世田谷美術館の学芸部に通いつめ、橋本善八学芸部長、池尻豪介学芸員と共同で「公共財としての建築文化」について話をしながら企画をひとつひとつ詰めて行ったプロセスが実に「建築を社会に拓く」最前線になっていった。これからの「建築展」の在り方に一石を投じるものになったと思う。

新聞・雑誌・テレビ ――「建築を社会に拓く」想いの共有・共感

「建築を社会に拓く」活動をある面で力強く支えてきてくれたのが、新聞・雑誌・テレビの関係者だ。「建築」を「伝える」ことの大切さを思い、30代の頃から同世代の「建築雑誌の編集者」「一般紙の新聞記者」との繋がりを地道につくってきた。雑誌「新建築・住宅特集」の副編集長（当時）だった橋本純さん、朝日新聞社大阪本社の学芸部の記者だった山盛英司さんのお二人との繋がりができたのは、20代後半だった1985年7月から参加していた大阪が本拠の社団法人日本建築協会「若い会員の集い」小委員会で、私が中心になって企画し始めた「30'sEYE――21世紀へのエスキス」（1993年7月〜2000年）シリーズだった。この企画シリーズは私が未だ30代だった1990年代、同世代でこれからの活躍が期待される様々なジャンルの方々をお一人ずつお招きして30名ぐらいの少人数でお話をお聴きするもので、お話もさることながら、講演後に参加者を含め、講師を囲んで飲みに行くのが何よりもの愉しみだった。当時30代で関西に居られた木下直之さん、井上章一さん、堀木エリ子さん、橋爪紳也さん、すでに繋がりのあった建築家や研究者の花田佳明さん、中川理さん、大谷弘明さん、吉本剛さん、長田直之さんなどと、若い30代の時期から繋がりを持てたことは今になって振り返ってみると本当に大きな人生の財産になったと思う。

　こうして繋がりを持てた新建築社の橋本純さんは、度々私の「建築を社会に拓く」活動を紹介する場として、雑誌への寄稿を依頼してくれた。また、朝日新聞大阪本社の山盛英司さんにも同じく「建築」を様々な観点から紹介する紙面を作ってくれた。そして、山盛さんは、その後、朝日新聞社の「建築」を取り上げてくれることになる後任として1999年には大西若人記者、2001年には神田剛記者へと繋がりを広げていってくれた。「建築」を一般の方々に届けるには一般新聞紙の存在は極めて大きい。その後も、「聴竹居」をきっかけにして「建築」を誌面や紙面で取り上げてくれるある意味建築ファンの編集者、新聞記者とのネットワークを拡大していくことができた。

さらに、「聴竹居」にとってより「建築を社会に拓く」大きな存在となったのがテレビ番組だった。

ギャラリーA4で「聴竹居と藤井厚二展」（2009年秋に開催）を企画していたちょうどその頃、二人の制作会社ディレクターが「聴竹居」の魅力にいち早く気づき、私に連絡をくれた。関西ローカルではあるものの、優れた番組として有名だった毎日放送「美の京都遺産」の制作会社・放送映画製作所のディレクター冨山拓也さんと、NHKの教養番組として有名な「美の壺」の制作会社・美術映像プロジェクツ（当時）の高橋亘さんだった。2009年から2010年に現地ロケを終え、いずれも2010年3月に放送されることになる。いずれもお二人の優れたディレクターの目を通して「聴竹居」の素晴らしさを伝える番組として評判となり、何度か再放送された。

そして、2013年1月1日の夕方6時から放送されたNHK「美の壺　新春『邸宅スペシャル』」にも「聴竹居」が「桂離宮」と共に取り上げられることになる。この番組をご覧になられていた天皇皇后両陛下が「「聴竹居」を見てみたい」とおっしゃったことが、前述したように2013年6月24日の「聴竹居」の行幸啓に繋がるのである。2013年3月に、宮内庁↓京都府↓大山崎町↓「聴竹居」の持主である小西章子さんと、当時借家人であった松隈章へ、という流れで電話連絡があった時、本当にびっくりしたことを覚えている。行幸啓を無事に終えたあと、この番組制作を担当してくれたＮＨＫエデュケーショナルの吉岡智子さん（当時）と高橋亘さんと東京でお祝いの打ち上げをしたのはいうまでもないことだった。

特に建築専門外のメディア関係者には、お会いするたびに「建築や建物を見るとその時代が分かる。だから、建築を取り上げてほしい」とお話をしてきた。それは、どの時代でも一番その時代の社会・経済・文化・思想の影響を受けて目の前に立ち上がってくる代表的なものが「建築」であるからだ。新しく生まれてくる「建築」だけではなく、時代を超えて遺る古い「建築」についても、その時代の想いがそのまま反映されていく。その時代時代が「建築」をどう捉えてきたかを見れば、その時代が分かる。社会が建築をつくり、建築が社会を変えてきたんだと思う。そうした視点を持った編集者、新聞記者、テレビディレクターとの関係を構築し繋がりを持ち続けていくことも、「建築を社会に拓く」ためにはとても大切なことだと思う。

「建築を社会に拓く」ことが大切であるとの想いを共有し、それを様々な記事にしてくれたのが、朝日新聞社の記者の神田剛さんだ。神田剛記者とは、もともと神田さんが大阪本社に勤務されていた２００３年に先輩記者である山盛英司さんの紹介でお会いしたのが最初だった。入社後、地方支局での経験を経て、希望していた学芸部に配属になり、「もともと興味を持っていた建築を取材し記事にしたい」「関西で建築の世界に明るい人を紹介してほしい」と神田さんが山盛さんにお願いし、紹介されたのが光栄にも私だった。初対面から建築好きの神田さんとは意気投合し、すぐさま建築の講演会などにお誘いし、そこで私の知人・友人をどんどん紹介していった。その人脈のいくつかが生かされて「建築」は紙面に紹介されていく。2004年から2005年の「住まいいろいろ」(朝日新聞大阪本社版)のシリーズコラムでは、私の紹介で、同世代で旧知の友人である建築家の吉井歳晴さん、研究者の花田佳明さん、そして、建築家の長坂大さんがそれぞれ4か月にわたり紙面に「住まい」についての分かりやすいコラムを執筆することになった。彼ら3人にとっても、難しい建築専門用語を使わずに中学生にも分かる建築の話をという神田さんからの注文に応えるのは大変だったようだ。私が東京に異動になった2004年には半年遅れて神田剛さんも朝日新聞東京本社に異動になった。そして、暫くして始まったのが2006年4月から2009年3月まで全国版の生活面で掲載した住宅コラム「わが家のミカタ」だ。毎週毎週、一般の方々が知らない「建築」や「住まい」に関するあらゆる話題を連載する画期的なコラムだった。すぐさま評判になり、当初1年だった掲載企画が3年間も続くことになった。記念すべき第1回の内容は、私がテーマとしてお話しした用途地域に関するものだった。一般の方々があまりにも自身の住まいが建つ土地の条件を知らないことを常々プロジェクトを進めていく時に実体験していたので、強く勧めたのだ。その後もことあるごとにお会いし、様々なテーマについて情報交換し、その結果がやがて紙面になる経験は「建築を社会に拓く」を実践できたとても楽しい3年間となった。

バブル絶頂の頃、神戸市垂水区塩屋町に辿り着いた

ここで、私の家族が住む神戸市垂水区塩屋町について記しておきたい。１９９０年、たまたま住み始めることになった街が現在も自宅のある「塩屋」だった。バブル絶頂期に阪神間では手が出ず、どうにかバス利用なしに大阪から深夜電車でも帰宅できることを条件に「住まい」を探した結果だった。このようにして偶然住み始めた「塩屋」だが、港町・神戸の中でも、実は他にはない魅力的な街だった。

簡単に「塩屋」の街を概観する。神戸市中心部の三宮から西に電車でわずか15分ほどのところにある塩屋の街。そこには古いものと新しいもの、田舎臭いものと都会的なもの、日本的なものと異国的なもの、自然と人工、様々なものが僅か2キロ四方の谷間にある。駅を降りると駅前（広場）は全くない。

北側はいきなり魚屋さんで始まる商店街になっていて、その道幅は狭いところでは2メートルほどしかない。昔ながらの「魚屋さん」「豆腐屋さん」「肉屋さん」「コロッケ屋さん」「ケーキ屋さん」「パン屋さん」「床屋さん」などが続いている。

南側は国道2号線沿いに宅地があってすぐに海と塩屋漁港。駅前広場がないということは、バスやタクシーがないということ。当然、駅に降りた人々は徒歩あるいはバイク（坂が多いので自転車はほとんど役に立たない）で帰路につく。駅前のわずかな商業地以外は全て住宅地。徒歩5分以内に第一種低層住居専用地域が広がっている。「徒歩圏で成立する

街」「海と住まいが近接する街」、それが「塩屋」という街である。こんな街は神戸にはほかにはない。ひょっとすると全国的にも大都市圏にある街としては稀有な存在だろう。

不動産屋さんに聞くと、「この街が好きな人と嫌いな人ははっきりと分かれる」と言う。道は狭いし、古臭い商店街、駅前広場がない……それを不便と感じる人は奥に広がるいわゆる「ニュータウン」に住んでいる。そこには二十年ほど前に、大きなショッピングセンターができた。一方、塩屋の街は、再開発の波から取り残されてしまった。しかし、そこがこの街の他とは違った独自の魅力になっているのだ。

こうして、わが家族の「シオヤライフ」はスタートした。

阪神・淡路大震災で遺ったにもかかわらず異人館2棟がその後解体

1995年1月17日に起こった阪神・淡路大震災は、まさに「塩屋」の目の前の海がその震源地だった。震度6の大きな揺れに襲われた街にしてはその被害は少なかった。それは、震源に近い場所は横揺れではなく縦揺れだけが続くことによる。しかし、そうした塩屋からも少なからず大切な風景が失われた。駅近くや商店街沿いの塩屋を特徴づける細い路地周りの風景が一変してしまったのだ。ただ、「塩屋」に遺っていた数軒の「異人館」は、大きな被害のあった旧居留地や北野町とは異なり、ひとつも失われずにすんだのは幸いだった。

しかし、２０００年代に入ってからは、「異人館」受難の時代が始まる。まず、２００１年、昭和初期に建てられ国道2号線沿いのレストランとして親しまれてきた「塩屋異人館倶楽部」(旧箙《えびら》邸)が、長引く不況による経営難で解体されマンションに建て替わってしまった。さらに、２００７年には、隣町の須磨に遺っていた建築家ヴォーリズを代表する洋館「旧室谷邸」が、やはり突然解体されマンションに建て替わってしまった。驚くことに「旧室谷邸」は、国の登録文化財になっていたにもかかわらず、である。持主がある意味「保存」という口実に騙されたとの報道もあった。

同じような頃、長らくある企業の寮として使用されてきた明治の洋館「旧グッゲンハイム邸」も、２００４年10月に襲ってきた強烈な台風23号の影響でベランダの手すりが折れ、屋根瓦や煙突が破損するなど、かなりの被害を受けたものの本格的な修理もされずに傷んだ姿をさらしていた。「塩屋」の景観を代表する「旧グッゲンハイム邸」が、「旧室谷邸」のように更地・売却されてしまうことに強い危機感を抱いた地元住民の森本一家(ユベール・デュルトさん、森本デュルト康代さん夫妻、長男の森本アリさん、長女のデュルト・サラさん)が私費で買い取り、２００７年秋から本格的な活用が始まり、どうにか危機を脱することができた。

地元住民主体の公的な組織「塩屋まちづくり推進会」

阪神・淡路大震災から約10年経った2006年、神戸市の主導で、ようやく、地元住民による地元の街づくりを考え推進する公的な組織「塩屋まちづくり推進会」が設立された。

南に瀬戸内海、三方が丘に囲まれた谷間の街「塩屋」。狭い路地が入り組んでいるヒューマンスケールの街に道幅16メートルの都市計画道路を通そうとしていることなど、様々な問題を地元の意見集約を行う形で行政に提示することを可能とする新しい住民主体の組織が始動したのだ。推進会の活動の中で、塩屋の街がどのような街になってほしいのか、塩屋の街の魅力などについて、様々な意見が活発に交わされるようになっていった。駅前（そもそも駅前広場はないが）の再開発を望む住民、都市計画道路を歓迎する住民、一方で狭い道路や路地が塩屋の魅力とする住民。そうした中で、塩屋の魅力を再確認するイベントを実施しようとの話になり、「塩屋百景」シリーズはスタートする。

「塩屋百景」シリーズ。「地域の文化資源」の再確認

結果としてシリーズとなった「塩屋百景」は、次の3つのステップを踏んで「旧グッゲ

ンハイム邸」管理人の森本アリさんを中心に実施されてきた。

ひと言で「塩屋」といっても、住民それぞれが抱くイメージは様々ということで、まずは、塩屋の素敵な建物や場所、風景を写した写真を集めて展覧会をする「塩屋百景フォトコンテスト」を開催。２００７年5月～6月に塩屋商店街の共用施設「しおみちゃんの家」を会場に住民から集めた写真を展示した。

続いて「塩屋」を会場に富士フイルム「写ルンです」（レンズ付きフィルム）を一般公募の１００人に渡して塩屋の街のそこかしこを撮りまくるイベント「塩屋百人百景」撮影会を２００７年12月16日に開催。２００８年2月「旧グッゲンハイム邸」を会場に展覧会を開催し好評を得た。期間中の2月24日には、元・塩屋の住人（１９８1～１９９7年）だった東京大学教授の木下直之さんによる講演「わたしの塩屋」も開催した。

さらに、「今」の「塩屋」だけではなく、１００年くらい前「異人館」が建った頃からの街の風景を集めてみようとの発想から「塩屋百年百景」展覧会が開催された。集められた古写真を展覧会で、あるいはそれらをまとめた冊子で見て、あらためて塩屋の歴史や文化の素敵さに触れた方も多かった。私もその一人である。古写真に写っていた昭和30年代に廃れた地域のお祭り「塩屋布団太鼓」が、２００８年に復活するという嬉しい出来事も続いた。

こうした「塩屋百景」の試みは、特に若い世代に共感を得ることに繋がり、塩屋への関心の高まりをみせている。２００７年から活用の始まった「旧グッゲンハイム邸」で行われてきた様々な音楽イベント、ウェディングへの来訪者も着実に増え、情報誌やテレビなどにも頻繁に「塩屋」が紹介されていくようになってきた。

「旧グッゲンハイム邸」というひとつの建物と「塩屋まちづくり推進会」の活動が一体化して、「塩屋」が「街」としての文化発信に結実し動き始めたのだ。

こうした旧グッゲンハイム邸と塩屋の街の活動は、2017年に刊行された森本アリさんの書籍『旧グッゲンハイム邸物語』(ぴあ)にも詳しく記されている。

文化遺産「旧ジェームス邸」使って遺す知恵

長引く不況は、大邸宅を大切に遺してきた個人だけではなく企業までも直撃する。

2010年秋、「旧グッゲンハイム邸」と並んで「塩屋」を代表する文化遺産「旧ジェームス邸」が、持主である企業の遊休資産であるとして「更地・売却」の危機に直面する。私は、自らの意思で、竹中工務店の設計チームのコーディネーターとして、さらに地元住民の一人として、この「ジェームス邸」プロジェクトに関わることになった。

神戸市垂水区塩屋町の通称ジェームス山と呼ばれる地域、その最南端の瀬戸内海を一望する高台に位置する「ジェームス邸」は、イギリス人貿易商E・W・ジェームス氏が地域一帯を外国人住宅地として開発し、1934年に自邸として建築したスパニッシュスタイルの壮大な邸宅（設計施工・竹中工務店、設計担当・早良俊夫）。１９６１年に企業の創業者へと引き継がれ、自邸になり、後に迎賓館として永く維持・活用されてきた。

持続可能な施設への転換　――ふたつの法的手続きにより新たな価値を付加――

「ジェームス邸」の建つ敷地周辺は、第一種低層住居専用地域内にあり、上質な住環境が保たれている一方で住宅用途以外での使用は厳しく制限されている。そのため、一企業が広大な庭園と歴史的建造物を維持・存続させる事業スキームを構築することは極めて難しい。つまり、事業成立できるスキームを構築しない限り、「邸宅」以外の用途での保存活用がほぼ不可能だった。そこで、「本館」（既存建物）には、防災・耐震改修を施した上で、神戸市の文化財指定により建築基準法の適用除外とした。さらに、公聴会および近隣説明会を開いて地域住民の同意を得、建築審査会での決定により用途許可の指定を受けた。このふたつの手続きにより事業・運用上欠かせないチャペルとバンケット棟の新築（増築）可能となり、「邸宅」全体の資産価値の向上を図ることができた。

地域の景観に溶け込む　――歴史的景観の「本館」に〝連歌〟のように新築――

既存の「本館」の設計を担当した早良俊夫は、「ジェームス邸」（１９３４年）や「雲仙観光ホテル」（１９３５年・現存）などクラシカルなデザインの作品を遺したが、同時に水平線を強調したモダニズム建築「日東コーナーハウス」（１９３８年・現存せず）なども手掛けている。今回新築した2棟は、あたかも早良俊夫が現代において増築することをイメージして造られた。趣のある歴史的建築である「本館」に対比して、敷地の南西角にチャペル棟、旧プール跡にバンケット棟を配置し、存在感を最小化して邸宅や地域の景観に溶け込ませている。

こうして「ジェームス邸」は、２０１２年12月、新たな価値を付加されハウスウウェディングのゲストハウスとして生まれ変わった。式を挙げた人々にとっての思い出の場所は、神戸市指定文化財として未来永劫、維持・存続し、時の記憶を次世代に繋ぎ、地域にひらかれ愛用される施設となった。

このプロジェクトは、良好な住環境が守られている地域の歴史的建造物を遺し活用していくひとつのモデルケースとなった。ここで得られた大きな教訓は、プロジェクト推進の一端を担当していく中で常に念頭に置いていたことでもあるが、「ジェームス邸」を遺し活用することを全てのステークホルダーの共通の目標に据えたことだ。そのステークホルダーとは、「建物所有者」「ウェディング事業者」「地域住民」「行政」だ。これらのステークホルダーが、社会文化的な意義や意味を共有し、大なり小なり、この文化資源「ジェームス邸」を「使って遺す」動きを共同で担う。そして、その結果として事業が末永く継続していく。「ジェームス邸」では、「地域の文化遺産＝資源」を生かすサステナビリティと好循環が生まれつつある。

「塩屋」という文化資源　――愛着をつくる小さな試み――

バブル崩壊後20年あまりが過ぎ、人口減少を含む右肩下がりの社会経済状況が続いている。その中で、「豊かな暮らし」を目指した都市間競争が始まって久しい。地域に僅かに遺された「文化資源」、それらを都市間競争に打ち勝つものとして捉え直し生かしていく時代に入っている。

ここで見てきた「塩屋」という街には、幸運なことにいくつかの歴史的な文化資源「異人館」(建築物)が存在していた。さらに、地元の人々が、それらの「異人館」を地域の財産「文化資源」であると想う力を持ち、取り組みを続けたことが、「塩屋」という「文化資源のある街」の成立・発展に繋がったのだと思う。

地域の文化資源を生かすためのキーワードは「愛着」と「安全基地」。地域の文化資源を生かす原点は、地域住民の「愛着」の発見（気づき）であり、「愛着」を持とうとする「意思」の結集と行動ではないだろうか。

戦後の高度経済発展、バブルを経る中で地域の開発競争で置いてきぼりとなった「塩屋」。しかし、一方で地域の独自性あるものが奇跡的に遺った場所になった。次世代に本当の豊かさを遺すために、これからも我が街「塩屋」に関わり続けたいと思う。

第六章　これからの聴竹居、これからの建築

定期借家契約――聴竹居倶楽部発足前夜

再び話を「聴竹居」に戻すと、私が竹中工務店の法務の専門家に相談しながら作成した「定期借家契約書」に基づき2000年5月から8年間は、私が立会人になり、ある方が借家人として「聴竹居」をオフィスとして活用した。しかし、契約書に盛り込んだ「見学対応すること」の条文に反し、見学や度々あった雑誌や新聞の取材に対しても十分には対応してくれない時期もあり、さらに地元の大山崎町役場や地域住民ともあまり関係を持てていない状態が続いた結果、所有者（貸主）の意向もあり、2008年4月をもって退去してもらうことになった。

そのことが決まったのち、2007年12月14日に、もともと繋がりを持っていた大山崎町役場の文化財担当の林亨さん、大学の歴史研の後輩で京都府教育委員会文化財技師の吉田理さんと今後について相談を持った。その時に私から大山崎町の地元の方々でボランティア組織をつくり、一般公開するという内容を提案した。林亨さんから「それでは、適任の人が居るので紹介します」との心強いひと言をもらうことができた。そして、2008年の2月1日夕刻に長岡京市駅前のお店で林亨さんに紹介されて初めてお会いしたのが、のちに任意団体の聴竹居倶楽部の事務局長になってもらうことになる荻野和雄さんだった。

荻野和雄さんは、大山崎町のボランティア団体のふるさとガイドの会で既に活動、活躍されており、人物的に信頼できる地元のボランティア数人を集めることができるとの有難い返答だった。この瞬間私は、これで大山崎町の誰かが、藤井家（小西章子さん）から「聴竹居」を定期借家契約でお借りして、地元のボランティアメンバーで公開することが実現できると内心喜んだ。ところが、林亨さんと荻野和雄さんから思いもかけない言葉が発せられることになる。「地元のボランティアメンバーで公開することは引き受けるが、藤井家から定期借家契約をするのは、小西章子さん、伸一さんの信頼を得ているあなたしかいない」と。こうして、図らずも自らが作成した「定期借家契約書」の「立会人」から「借家人」に移行して定期借家契約を締結することになったのだ。

２００８年5月4日からは、私が小西伸一さんから鍵を受け取り、借家人（持主は藤井厚二の次女・東京在住）となった。6月1日には地元・大山崎町の皆さんと任意団体・聴竹居倶楽部を結成し代表に就任、より積極的に公開活用すべく行動を始めた。建築専門家の中でもそう多くの方がその存在を知らない「聴竹居」。ましてや、個人邸であるがゆえに一般の方々には全く知られていなかった。２００８年5月17日、荻野和雄さんの呼びかけで「聴竹居」の徒歩圏に住む地元の有志数人に集まって頂いた時には、「どこが良いのか」「どこが凄いのか」その価値が理解できず、皆さん一様にきょとんとされていた。そこで、一般公開のしくみや値段設定、管理体制を整えた上で、多くの方々への情報発信手段としてまずホームページを作ろうということになった。ホームページを作って認知度アップと集客をスムーズに行う実例として先行していたのが、実は塩屋の「旧グッゲンハイム邸」だった。それは、なかなかシンプルですっきりとした画面ながら、機能的には十分なものだった。そこで、同じようなホームページにするべく、「旧グッゲンハイム邸」のホームページを制作した塩屋在住の浜崎良嗣さんに「聴竹居」のホームページの制作をお願いした。そして、7月25日に初めてアップしたホームページによる事前予約制での一般公開をおそるおそる始めた。まずは建築関係者の間で噂は広がりをみせ始め、その後、少しずつ全国各地から多くの見学者が来られるようになり、その数は年々増加し、2016年には年間約4500人にも達するようになっていった。

任意団体聴竹居倶楽部の始まり——「日土《ひづち》小学校」の教訓

「聴竹居」の保存公開活用（主に見学対応）をボランタリーで手掛けてきた任意団体聴竹居倶楽部は、当初から私を除いて全て地元のそれも徒歩圏に住む方々だけで構成することを原則にした。実は、建物を保存公開活用していく上で、この「地元第一主義」が一番重要だからだ。いくら著名な有識者が評価しようが、外部の専門家が讃えようが、地元の方々が心の底から愛着を持ち続けない限り、地域に根ざした建物は絶対に次世代に遺すことはできない。

この「地元第一主義」の考えに至ったのには、実は私自身の苦い経験があるからである。2000年代の初め頃、愛媛県八幡浜市にある「日土小学校」の木造の校舎が保存か解体（改築）かで揺れ動いていた。地元に駆けつけた有識者メンバーの一人で古くからの友人の神戸芸術工科大学教授の花田佳明さんから聞いていた活動は、すこぶる順調で保存に向けて動いているとの印象を持っていた。２００４年８月、四国高知県と愛媛県を車でめぐる夏休みの家族旅行の途中、思い立って道に迷いながらもどうにか「日土小学校」に辿り着くことができた。突然ではあったものの好意的に受け止めてくれるだろうと職員室を訪ね校舎の見学を申し出たところ、たまたま当直していた先生と、さらに校庭で児童を遊ばせていたＰＴＡ関係者、それぞれから思いもかけない言葉を聞くことになった。ちょうど池田小学校事件があった後だったことも影響してはいるが、それは、「台風で屋根が飛ぶくらい脆弱で、こんな死角の多く危険な校舎は、早く新しい建物に建て替えてほしい」「よそから来た人に遺せと言われているが迷惑な話」といったニュアンスの言葉だった。はるばる訪れた建物でのこうした苦い経験から「地域に根ざしている建物の保存活用は、地元の方々の想いに寄り添うかたちで外部の人間が参加し協力しない限り上手くいかない」ということを教えられたのだった。以降、建物の保存活用に取り組む場合には常に「地元第一主義」を念頭に置くようになったのである。

なお、存続が危うい時期もあった「日土小学校」も、建物を愛する地元の方々とそれを専門的に支援する有識者等のチームワークと尽力の末、２００９年には改修と新築による保存再生工事が完成し、２０１２年に、戦後木造建築として初の重要文化財に指定され、地域を越えて愛される日本を代表する現役の木造小学校となったのである。

実は前述した、存続が危うかった我が街・神戸市垂水区塩屋町の「旧グッゲンハイム邸」が2007年に地元の森本一家によって救われた時も、まず頭に浮かんだのが「地元第一主義」だった。ちょうど組織化された「塩屋まちづくり推進会」の事務局長として森本アリさんに就任してもらい、あわせて推進会の活動の場として「旧グッゲンハイム邸」を生かすべきだと勧めた。そして、今では地元の塩屋まちづくり推進会の活動には欠かせない建物として地元に愛されながらの活用がすっかり定着している。

大山崎の地においても「地元第一主義」は功を奏し、今では「聴竹居」の写真が町のガイドマップに載り、まさに町の文化資源としての地位を獲得した。

大山崎百人百景撮影会と展覧会

2011年と2012年に連続2回、聴竹居倶楽部が主催して大山崎町の魅力を発見するイベント「大山崎百人百景」の撮影会を、そしてそれぞれ翌年に展覧会を開催した。この催しは、一般公募した町内外の一般の方々100名に富士フイルムのレンズ付きフィルム「写ルンです」を渡して、半日、大山崎の魅力あるシーンを27コマに捉えてもらおうという企画で、2007年に我が街・塩屋で実施された「塩屋百人百景」のノウハウをそのまま生かしたものだ。成果の発表の場として大山崎ふるさとセンターのロビーに参加者

100人×27コマ＝約2700枚もの写真を一堂に展示すると同時に全ての写真を収録した冊子も作成した。「大山崎の素敵なところをたくさん見つけられ、ますます好きになりました」「参加者全員が同じカメラを使うので、それぞれの視点が分かって面白い」「27枚しか撮れないのが面白い」などの感想が寄せられ、大山崎町町民も普段は全く気が付かない大山崎の魅力を再発見するイベントとなった。こうした地域を見つめなおす活動も聴竹居倶楽部はその中心になって推し進めてきた。

地元第一主義、そしてコミュニティセンターへ

偶然にも出会った「聴竹居」に1996年以来関わってきて今想うことは、ひとつの建物の持つ可能性の大きさだ。ひとつの建物が、人と人、人と自然、さらに人と地域、そして過去・現在・未来を「繋ぐ」大事な存在だということである。グローバル社会、経済至上主義など、全てがフラットに効率やお金を優先した現代では見えにくくなってしまったものをふと気づかせてくれる存在だともいえる。私自身も経験したことだが、1995年の阪神・淡路大震災、2011年の東日本大震災など一瞬にして日常性が不可逆なものだと気づかされる災害に見舞われた時、建物や地域の風景の大切さや愛おしさを自覚することになる。普段何気なく暮らし、見ている建物や地域の風景の環境から実は大きな影響を

受けているし、それらは人生にとっての大切な記憶装置になっている。私も「聴竹居」に出会わなければ、大山崎町を訪れることもなかっただろうし、地域の方々との交流も生まれえなかっただろう。さらに「聴竹居」を通じて藤井厚二の「日本の住宅」という思想に触れることもできたし、日本の住まいの歴史、日本における建築の在り方、日本人の自然との付き合い方などにも想いを馳せることにも繋がった。大山崎町の方々も、きっと同じようなことを感じただろうし、何よりも「聴竹居」の存在によって大山崎を誇らしく思う地域愛（シビックプライド）醸成の一助になったと思う。地域と共に存在し続ける生きた建物には、「愛着の連鎖、継承」を支える「たてものがかり」の存在が不可欠だ。聴竹居倶楽部はまさに「聴竹居」の「たてものがかり」なのである。

歴史・文化・経済・思想の生き証人――建物

美術館や博物館での展覧会、あるいは書籍によって過去・現在・未来の歴史や文化、社会や経済そして思想を知る機会は多い。しかし、何といっても「建物」の存在ほど時代を体現しているものはないのではないだろうか。私も建築設計という職業を選んだことで、「建物」がその時代を象徴してでき上がっていくのを何度も経験してきた。どんなに小さなプロジェクトでも、その意思決定には少なからず企業や行政のトップがコミットメントしているからだ。自宅という「住宅」を考えてみると分かりやすいのかもしれない。一個人や家族にとって、どんな「住宅」に住むのか、買うのか、借りるのかは、大きな人生の選択肢であり、購入するとなると家計の中での最大の出費になるからだ。

最近でも東京オリンピック・パラリンピックが2020年に開催されることになり、2度も行われた新国立競技場の設計コンペが大きく世間を騒がせたことも記憶に新しい。築地市場と移転先の豊洲市場の問題もそうだろう。そうした国家的なプロジェクトは、まさに今の日本の状況、世界と日本の関係、日本人の価値観や世論、建築に対する想いなどの総体として「建物」という形に決定されていく。

新しく計画されていくプロジェクトだけではなく、世間でも話題になった東京や大阪の中央郵便局、東京駅など近代建築の保存活用のようなプロジェクトも時代の意思を反映して進んでいくことには変わりがない。近代建築の保存に関して社会的な認知度はここ数年あがってきているような感じがするが、いくら歴史的、文化的、建築的な価値があるとして保存運動が起きようとも、最終的には経済論理、経済至上主義を乗り越えることは難しいのだ。

しかし、そもそも一般の方々にとって建築のことを学ぶ機会はほとんどない。ひとつの事例として直ぐに思い浮かぶのが、我々が普段目にしている一般新聞紙に「建築」のことが取り上げられる機会は本当に少ないということだ。建築家といえば安藤忠雄や隈研吾ばかりである。何々の施設や建物ができ上がったという記事に、建物の周りに置かれた彫刻やモニュメントの作者名は紙面に載っても、建物を設計した建築家の名前が記されることは皆無に近い。ましてや設計や工事についてプロジェクトの概要などのプロセスが取り上げられることはほとんどない。これでは、身近にある建築に一般の方々の関心が向いていくはずがない。

一方で建築の設計をやっている関係者などは普段から何度も経験しているのだが、一般の方々は用途地域、つまり建物が建つ土地にどういう法的な制約がかかっているかをほとんど意識したことがなく知らない。建物を建てる時に住民説明会をすると、「うちの家に日影がかかるじゃないか。どうしてくれるんだ」という話になるが、そうなると設計者は建築基準法の説明から入らなければいけない。それでも法的に問題ないと訴え続けても、とにかく日影になるのは嫌だという話になってしまう。そういう意味では建築、都市に関する知識、その建物がどういう法的・経済的な制約を受けているのか、一般の人に知ってもらうことはなかなか大変だ。

日本は、明治時代に近代化（西洋化）の大号令のもとに、都市づくりを推し進めてきた。

1923年の関東大震災、1945年の第二次世界大戦の終戦によって焦土化したのちも、大都市の再構築が政治家や行政主導で進められ、今日の建築、都市が形作られてきた。

その過程は、「日本」という固有の文化や江戸時代まで続いてきた美しい自然と共生した建築、都市のことをあまり省みないものだったのではないだろうか。「まちづくり」の言葉に象徴されるように、工学としての土木・建築を駆使したスクラップ・アンド・ビルドを繰り返してきた。高度な設計・建設技術の進歩による経済性・利便性・機能性の拡大・拡充が行われた一方で、一般市民は、あたかも「商品」のように与えられる建築、都市を経済原則の中で消費するだけで、本来の「豊かな建築、都市像」を学ぶことも、考えることも行ってこなかったのだと思う。近年、地球環境問題の深刻さが増す中で、「環境」の名の下に動植物の自然環境保護の意識が高まってきているが、「住まい」をはじめとする人間の暮らす環境についての視点がすっぽりと抜け落ちているようでならない。

藤井厚二は、東京帝国大学では3年間の世界一周の旅から帰国した恩師の伊東忠太から古今東西の建築の歴史や文化を学び、藤井自らも9か月間にわたってアメリカ、ヨーロッパを視察して、それぞれの国の社会、文化、経済の状況を学び取ってきた。その結果、「其の国の建築を代表するものは住宅建築である」との名言を遺している。

東日本大震災を越えて――ふたつのイベントに参加

1995年1月17日、阪神・淡路大震災を自宅のある神戸・塩屋で体験し、2010年春に東京へ単身赴任することになって1年足らずの2011年3月11日に東京で東日本大震災の揺れを体験することになった。東京は震源地からかなり離れた土地ではあったものの、時間も空間も超過密なシステムによって成り立っている首都・東京は本当に脆弱だった。

多くの人々が予測してもいなかった帰宅難民、計画停電、原発被害の恐怖に直面し、東京は大混乱に陥った。都市直下型の阪神・淡路大震災とは全く異なった都市の脆弱性と、東京という都市がいかに東北に頼っていたかが露呈した大災害になった。阪神・淡路大震災を経験している私にとって、この首都東京の脆弱さと共に、その利便性をあたりまえと気がつかないほど平和ボケした人々の心の脆弱さを感じる出来事でもあった。

大混乱が続く首都圏に居るという機会を得て何かしなくてはと思っていたが、幸いなことにふたつのイベントに参加することができた。

朝日新聞社主催「あすの日本を構想する提言論文」応募論文への応募

その頃、朝日新聞社が東日本大震災と原発事故からの復興と、その先の日本全体の再設計を論じあう「ニッポン前へ委員会」を設立し、将来を担う世代の発想や感性を幅広く求めて、次の9人の方々に委員を委嘱した。

兵庫県尼崎市長・稲村和美さん　▽建築家・福屋粧子さん　▽津田塾大准教授・萱野稔人さん　▽東京大学特任准教授・神里達博さん　▽日本政策投資銀行参事役・藻谷浩介さん　▽劇作家・平田オリザさん　▽千葉大学教授・広井良典さん　▽大阪大教授・大竹文雄さん　▽東京大学教授・加藤陽子さん

委員会の発足に合わせて、「あすの日本を構想する提言論文」を募集していた。テーマは（1）東日本復興計画私案（2）これからのエネルギー政策のいずれか、または双方で

400字詰め原稿用紙で20枚（8000字）まで。締め切りは5月10日だった。私は（1）東日本復興計画私案をテーマに応募した。この未曽有の大災害の復興を進めて行く中で大切だと思っていた「建築」を社会に拓いていきながら英知を結集することと次世代の人材の育成を図るためにも、被災地・東北に建築都市学部を設置する東日本復興計画私案を提出した。残念ながら評価されることはなかったものの、阪神・淡路大震災と東日本大震災のいずれもに遭遇した経験からの提言にまとめることができた。その中から一部を抜粋して紹介する。

―東日本復興計画私案―
〟建築都市学〟を一般教養学問に
―英知の結集と次世代人材の育成―

松隈　章

＜提言論文趣旨＞

今後、数年から十数年をかけて、東日本大震災で被災した地域を中心に、日本だけではなく世界の英知を結集して、新しい建築都市像が構想立案され、計画・実施されていくのだろう。そうした機会を積極的に生かして次世代の人材を育てると共に、本当に豊かな日本の建築都市づくりのための場を構築すべきである。それは、明治以降の近代化（西洋化）の延長ではない日本本来の建築都市を構築する好機となる。そして、それは、必ずや日本が本来持っていた豊かな自然と共生する生活文化に根ざした暮らしを取り戻し、クールジャパンを代表する21世紀のグローバルスタンダードとなるであろう。

そのためにも、従来の建築・土木を工学という狭い範囲の学問ではなく、身近な住まいや里山から都市や地球まで視野に入れた文学や経済学のような幅広い学問領域「建築都市学」として確立することを提言したい。

以下に示すのは、１９９５年の阪神・淡路大震災を経験した私が、大震災後に活動したり経験したことである。そうした中から、日本人一人一人の日本人や日本の気候風土に適した建築都市の構想力向上が何よりも大切だとの想いを強くし、「建築都市学」の確立の必要性を提言論文としてまとめたものである。

——中略——

＜東北地方に「建築都市学部」を！　――次世代の建築都市を構想していくために＞

東日本大震災は、我々が経験した都市型の阪神・淡路大震災とは異なり、従来の建築都市のあり方を根底からリセットする、まさに、日本の地方都市のこれから、首都圏、都市と農村など、様々な建築都市の再構築が始まろうとしている。

「建築都市」は、その時代時代の人間の社会・経済・文化活動の結果として立ち現れてくるものである。さらに、その「建築都市」という「人工環境」によって、常時、人間は影響を受けている。つまり、「建築都市」という学問領域は、実は、人間社会のあらゆるものが繋がっている極めて基礎的な学問領域なのではないだろうか。そこで、「建築都市」を扱う学問を、狭い工学という学問領域に置くのではなく、たとえば「文学」や「経済学」のような幅広い学問領域をあつかうものとして確立するのだ。この新しい「建築都市学」は、東日本大震災の「建築都市」復興の過程から始めて、幅広い領域を包含する学問体系として形作っていくべきだ。

例えば、「建築都市」を経済面から探求する、「建築都市」を文化の側面から探求する、「建築都市」を歴史的な側面から探求する、「建築都市」を政治や行政的な面から探求する、「建築都市」を学校教育的な側面から探求する、「建築都市」を住民参加の側面から探求するなどが考えられるだろう。それらを次世代の「建築都市」づくりへ生かすのだ。

現在、政府内に設置されている「東日本大震災復興構想会議」や「同検討部会」にある種の違和感がぬぐえないのは、まさに「建築都市」を総合的に扱う学問領域が存在せず、あらゆる分野の個々の専門家を寄せ集めたとしかみえないからである。従来の「まちづくり」のハード技術だけではなく、将来、政治家、マスコミ、経営者などが、この「建築都市学」を学んだ学生の中から生まれるようになれば、「建築都市」的な視点を共有した社会経済活動が展開されていくことに繋がっていくことだろう。今までのような経済性や機能性を優先した結果としての「建築都市」ではなく、本当の意味での豊かな「建築都市」をつくりあげるための方法論を確立することが何よりも大切だ。

ひとつのアイデアとして、現在、復旧・復興が進められている東北各県の大学に、「建築都市学部」や「建築都市研究所」を設けてはどうだろうか。復旧・復興のプロセスを学問領域として新しく構築していきながら、日本の英知を結集させると共に、次世代をになう人材育成に繋げていく。そして、まさに日本の気候風土に合った「建築都市」をつくりあげるのだ。こうした機会は二度とない。21世紀の新たな日本の「建築都市学」構築の好機を生かすべきである。大学にそうした学問領域を確立すると共に、小中学生にも、まちづくりワークショップやまち探検などを通じて本当の意味での環境教育=建築都市教育を行っていくことも大切だ。

20世紀のデザインをリードしたデザインの教育システムの端緒となったのは、ドイツに誕生した「ＢＡＵＨＡＵＳ（バウハウス）」と言われている。今こそ、21世紀の「建築都市」のデザインをリードする教育システムとして「ＨＩＧＡＳＨＩＮＩＨＯＮ（東日本）」を日本発グローバルスタンダードとして確立する好機とすべきである。以上

「建築を社会に拓く」ためにも、大学教育の中で「建築」や「都市」を身近なものとして捉えて行くことが必要だと思う。

【震災後・前の社会・都市のデザインに関するシンポジウム――東北の再生と日本の再編】への参加

以前から著書『ファスト風土化する日本　―郊外化とその病理』（洋泉社）などでの鋭い視点に感銘を受けていた三浦展さん。その三浦展さんが「聴竹居」にご興味を持たれたことがご縁となって震災前から繋がりを持ち始めていた。その三浦さんからお声掛け頂いて参加することになったのが、東日本大震災4か月後に開催されたこのシンポジウムだった。

当時、三浦さんから提示された「趣旨文」と「構成、テーマ、パネリスト」には以下のように記されている。

●趣旨

今回の大震災においては、被災地をどう復興するかを考えるだけでなく、これを契機としてこれからの「震災前」の日本の社会、都市をどうデザインするかを考え直すことが大きな課題となっていると思われます。そこで、建築、都市計画、社会学、経済思想などの専門家を集め、シンポジウムを開いて議論し、それを出版し、入場料などを被災地に寄付するというプロジェクトを思い立ち、ここに実施することにしました。

幸い、若き俊英・藤村龍至さんと、かねてから建築を社会学、家族論、地域社会論的に考え、さらには近年地域社会圏モデルとして実現されようとしている山本理顕さんのご協力を得ることができました。これまで私がお世話になった先生方にもご協力頂き、是非実りあるシンポジウムを実現したいと思っております。

●シンポジウムの構成、テーマ、パネリスト（順不同）

総合司会　三浦　各回司会　藤村

開会　趣旨説明　三浦展

　社会・地域・居住

松原隆一郎（3時まで）、中村陽一、大月敏雄、島原万丈、山本理顕、藤村正之……

三浦展、藤村龍至

第2部　国土・都市・建築
大野秀敏、松隈章、山崎亮、永山祐子、家成俊勝、山本理顕、廣井良典……三浦展、藤村龍至

企画書の中で、私の役割については、「松隈章様　阪神・淡路大震災で被災された立場から、そこでの経験、それを踏まえた建築、社会、地域のありかたについてのご見解」となっていた。このシンポジウムは平凡社新書612『3・11後の建築と社会デザイン』三浦展編著、藤村龍至編著として2011年11月に発行された。その本の中から私の最初の発言を以下に抜き出してみる。

藤村　いま阪神・淡路大震災の話題が家成さんから出ましたが、同様に阪神・淡路大震災を体験された松隈さんから今回の震災で感じられたことをお話いただければと思います。

松隈　95年の震災のときは私の住んでいるところが震源の目の前といいますか、自宅から見える海が震源地でした。今回の3・11のときは東京に来ていまして、揺れを感じました。ですから両方経験しているんですね。いま家成さんから震災を契機に建築に進んだというお話がありましたが、私の場合は逆に、阪神・淡路を経験して建築の

設計だけをやっていていいのかなと強く感じました。

今回、東京で震災を受けて思ったのは、東京では揺れはあったけれど大きな被害はなかった。それはある意味、東京にとってはよかったという言い方は悪いかもしれませんが、阪神・淡路のように突然大都市が崩れ去るということはなかったわけです。東京が神戸と同じように直下型の大地震に襲われていたら、今日のシンポジウムもおそらく開かれなかったでしょう。金曜日ということもあり多くの帰宅難民を出しましたが、都市機能や社会システムが麻痺することで予行演習のようなものができたわけです。同時に、東京がいかに東北に頼っていたか、東京という都市の脆弱さが一気に露呈したわけで、それはある意味よかったのではないかと感じました。

今回の震災は神戸のときとは全く違っていて、東北の復興が重要であることは言うまでもありませんが、東京が予行演習をしたということを東京の人間自身がどう考えているかということが、実はいちばん大事なのかなと思いました。阪神・淡路大震災のときはそんなことを考える余裕もなく、とにかく復興ということになりましたが、そこには反省すべきこともたくさんあったと思います。その点をふまえて、東京と日本をどう考えていくのかということが非常に大事じゃないかと思いました。阪神・淡路大震災の時もそうでしたが、大震災は、その結果として時代を突然先に進めてしまうものだと思います。数年、十数年後に日本で起こるようなことを前倒しで指し示すことになってしまうのです。従って、東日本大震災でも、もともと東北と言う地域が持っていた問題を白日の下に照らし出したと言えます。その意味から、特に第一次産業の復興と過疎・高齢化対策、地方における雇用の創出が大きな問題になってくると思います。

住宅遺産トラストの活動――建物は単なる不動産ではない

２０１０年春、私は東京へ再度転勤になり、再び、単身赴任生活が始まった。前回の２００４年から２００６年の2年間の単身赴任生活は、私の両親の住む横浜の実家に世話になっていたので、社会的、社外の活動をする機会は少なかった。しかし、今回２０１０年春からの単身赴任は、会社の寮でのまさに単身での生活。せっかく自分自身で自由になる時間を持ちながら東京に居るのだから何かできないかと想っていた矢先、日本を代表するピアニストの一人・故園田高広が所有していた、建築家・吉村順三設計の田園調布に遺る住宅が存続の危機にあること知る。

建築家が設計した名作住宅が相続などで更地・売却されていくことに心を痛めていた東京の建築家や有識者などがシンポジウムを開催するので、パネリストの一人として参加して「聴竹居」の保存活用について報告してほしいとの要請があった。そして、２０１２年

3月18日、本郷にある武田五一設計の「求道会館」を会場に行われた。

そのシンポジウムがきっかけとなって、吉村順三「園田高広邸」（1955年竣工）、吉田五十八「旧蔵田邸」（1955年竣工）、前川國男「新前川自邸」（1974年竣工）の3つの邸宅を次代へ引き継ぐべく、展覧会、シンポジウムを開催することになり、実行委員会が結成された。単なる建築展とは異なり、まさに「住宅遺産」を次代へ引き継ぐことができるか、できなければ更地・売却されてしまうという待ったなし「名作住宅」の生死を分けるイベントだった。2012年9月21日から10月21日まで、世田谷区多摩川田園調布のガレリア・アビターレにて「昭和の名作住宅に暮らす――次世代に引き継ぐためにできること――吉村順三、吉田五十八、前川國男による三つの住宅」展が開催された。実行委員会で案内チラシを作り建築関係者の多くに知らせたこともあり、展覧会会期中に多くの建築関係者が押しかけてきた。しかし、建築関係者だけが集まっても、これらの「住宅遺産」を引き受けてくれる新しいクライアントを見つけなければなんの解決にも繋がらない。

そこで、以前から建築に関する記事を文化欄に紹介してくれていた日本経済新聞社文化部の記者・窪田直子さんに私から取材を強くお願いした。快く引き受けてくれた窪田記者が紙面で紹介した全国版の記事を関西在住の方がご覧になったのがきっかけで、その方が「園田高広邸」の新たなる継承者となることになった。まさにペンの力を感じた瞬間だった。

次なる継承者になられた方は建築専門家ではないものの建築家・吉村順三の大のファンであり、吉村順三が設計した住宅が売りに出ている、存続が危ないとの新聞記事を見て現地に確認に訪れ、結果、継承が決まったのである。

日本の住宅は戦後の大量供給時代を経て寿命も欧米に比べ極端に短いのが実情で、少子高齢化の進展で人口減少社会を迎えている現代、空き家が増加し建築家の建てた名作住宅といえども、相続で継承されることもなく簡単に壊されて土地値で売却されてしまう事例が増えている。この展覧会で紹介した３つの「住宅遺産」のうち、次なる住まい手に継承されたのは「園田高広邸」のみで、残念ながら「旧蔵田邸」は移築先が決まりつつあったものの、移築先関係者の意見統一がなされず、結果、無残にも解体・更地になり、跡地は三分割されて建売住宅が建っている。「新前川自邸」は、そのままの状態でこの建物を愛する住まい手によって住み続けられている。

こうして吉村順三「園田高広邸」の継承が成功したこともあり、これからの時代に「住宅遺産」というニーズは高まっていくことを感じ取った実行委員メンバーを中心に、「歴史的・文化的な観点から、個人の所有を超えて社会的な価値があると思われる住宅を保存・継承する」ことを目的に、２０１３年３月に建築家の野沢正光さんを代表理事とした「一般社団法人住宅遺産トラスト」が設立された。私も監事として発足時の定款に名前を連ねることになった。その後、継承すべき「住宅遺産」の案件の情報が持ち込まれるようになり、いくつかは継承に成功し、いくつかは残念ながら継承できなかった。しかし、こうした一級建築士だけに閉じずに広く社会に拓かれた新たなる建築士の活動が社会的に評価され、「住宅遺産トラスト」は、東京建築士会が２０１５年に新たに創設した「これからの建築士賞」の栄えある第一回表彰に選ばれた。

実は今般個人財産だった「聴竹居」を一企業が継承することになったのも、大きく捉えてみると、この住宅遺産トラストの活動と同様な取り組みのひとつといえるのだろう。

地域で守り未来へ繋ぐ――聴竹居【生きた活用を継続し続ける】

建物の保存活用は建物を生きた形で使うことが大切だ。「聴竹居」は住宅として建てられた建物である。しかし、「其の国の建築を代表するものは住宅建築である」として生涯日本の気候風土に適合し日本人の理想となる住まいを追求した藤井厚二の思想と空間をより多くの方々に体感してもらうために、敢えてある個人や企業が専有する住まいとして独占するのではなく、週3日の予約制の見学や各種イベントを通じて誰でもが時空間を体感できる開かれた生きた「住まい」(リビング・ヘリテージ)としてきた。

2008年春に任意団体聴竹居倶楽部を発足させ一般公開を開始した当初は、口コミで情報を得た建築関係者の建物見学会が続いていたが、2009年春には、庭での新緑コンサート、同年秋には、室内での紅葉コンサートも開催することができた。2009年晩秋には、今では恒例となったイベント「紅葉を愛でる会」の第一回目を開催している。春の「新緑を愛でる会」と秋の「紅葉を愛でる会」は、「新緑」や「紅葉」に包まれた「聴竹居」を気軽に見て頂こうとの主旨から始めたイベントで、新緑や紅葉が一番美しい時の土曜日の10時から15時まで事前予約なしで庭までを開放、さらに希望者は室内の見学も順次可能として、初めての方やリピーターの方々など、なんとわずか一日で約５００人もが訪れる恒例行事としてすっかり定着している。２００9年春には、「聴竹居」の空間をアーティストの展覧会の場にした漆作家の展覧会「聴竹居との出会い　栗本夏樹展」を、２０１３年春には、現代アーティストの「聴竹居で記憶のかけらをつなぐ　河口龍夫展」も開催し、「聴竹居」の空間と現代アートとの対話を愉しんで頂ける展覧会、イベントになった。

建物はこのように様々な人間が関わる生きた活用をしてこそ、来訪者にその価値が認識できるのだと思う。ただ、見せるだけの建物では、その建物の持つ多様な可能性のある一部分しか提示できない。

聴竹居倶楽部の活動をほかの建物へ展開

聴竹居倶楽部の活動は、大山崎「聴竹居」だけに留まらない。藤井厚二の設計したほかの建物の保存活用にも活動で得られたノウハウを生かし始めている。広島県福山市鞆の浦の藤井家の別荘だった建物を復元再生した「後山山荘」に、２０１３年末聴竹居倶楽部のメンバーが訪れ、所有者、地元福山の方々と公開活用についての意見交換を行ったが、その結果、2014年春から月一回の公開を地元のボランティア組織の後山山荘倶楽部により始めている（共同代表・谷藤史彦＋松隈章）。さらに、2015年からは、藤井厚二が「聴竹居」を建てたあとすぐに実現した注文住宅「八木市造邸」（1930年竣工、大阪府寝屋川市）も、聴竹居倶楽部の見学対応スタッフのアドバイスを受け、やはり、地元中心のボランティア組織の八木邸倶楽部（代表・松隈章、事務局長・岡内章子）により月一回の公開を始めている。さらに、地元の大学との連携が大切との想いからお声掛けした摂南大学理工学部建築学科の加嶋章博教授の研究室では、寝屋川市の地域資源の認識を広く共有するため、「八木邸実測プロジェクト」として見学ガイドや公式リーフレットの作成、映像制作、建物の実測などを精力的に行っている。大山崎「聴竹居」に始まった地元中心の活動が、鞆の浦「後山山荘」、寝屋川市「八木市造邸」へと広がり、ホームページのリンクをはじめ人的交流や情報交換と発信を続けている。地元に遺る藤井厚二の建物を愛するメンバーが、それぞれの土地柄にあわせて公開すると共に協調・連携していくことで、保存活用の活動をより良いものにしていこうという機運が生まれてきている。

保存活用に不可欠な5つのステークホルダーの共創

阪神・淡路大震災以来様々な歴史的な建物の保存活用に関わってきた経験から、それらを持続していくためには、5つのステークホルダーが同じ方向性を持つことが何よりも大切なことが分かってきた。

それは次の5つである。

①歴史的な建物を有効活用したい所有者
②歴史的な建物を生かして付加価値を創造しようとする事業者・使用者（①と同じ場合もある）
③歴史的な建物を地域の大切な文化遺産として遺したいと想う地域の住民
④歴史的な建物を地域のアイデンティティやシンボルとして遺し生かしたいと考えている地元行政
⑤歴史的な建物を長期にわたり維持管理してきた設計者、施工者

つまりは、地域及び社会全体で支えていくものだといえる。

「聴竹居」についても同様だ。個人所有のままでは固定資産税さらに相続税、建物維持管理費などの負担を持続的に乗り越えていくことは容易ではない。そこで、個人（藤井家）から企業（竹中工務店）の所有とし、聴竹居倶楽部を中心にした地域住民の協力のもと、

地元行政と連携しながら、持続可能な所有形態と保存活用体制を構築していくことになった。「想いをかたちに 未来へつなぐ」をグループメッセージとして掲げる竹中工務店が「聴竹居」を取得した意義は大きい。昭和初期の日本の（木造）モダニズム建築を代表する住宅として初めて国の「重要文化財」に指定された「聴竹居」を通じて世代を超えて大山崎町の人たちと交流し繋がることで、地域と共に歴史を紡ぎ未来を創っていくことが可能となったからだ。

「聴竹居」が竹中工務店の所有となって、この一年、そして……

２０１６年12月に竹中工務店の所有になってほぼ一年。この一年を振り返ってみる。株式会社竹中工務店設計本部の一社員として、さらに、一般社団法人聴竹居倶楽部の代表理事として、「聴竹居」に対応するふたつの組織という二足の草鞋を履きながらこの一年間をつっ走ってきた。

年が明けて２０１７年1月16日に竹中工務店が「聴竹居」を取得したことがリリースされ、次のような趣旨が掲載された。

日本人のライフスタイルや感性と日本の気候風土に合わせた「日本の住宅」として先駆的存在で、歴史的・文化的価値が極めて高い「聴竹居」を、適切に維持・管理し保存活用して後世に遺していくことは、「サステナブル社会の実現を目指す」という当社グループのCSRビジョンの実現にも繋がるものです。当社は2019年に、創立120周年を迎えますが、その記念事業の一環としても位置付けております。

なお、「聴竹居」は、「一般社団法人聴竹居倶楽部」を通じて今まで通り見学などが可能で、ご希望の方々には地元を中心としたスタッフで対応していきます。

今後は、「聴竹居」が所在する大山崎町や地元住民とより一層の連携・協力を図り、見学会やイベントなどの開催や当社グループ社員による研修などでの利活用、さらに歴史的建築物の保存活用に関する研究など、地域と一体となった建築文化の発信に努めて参ります。

こうして2017年1月、竹中工務店の社会貢献としての「聴竹居」を活用した建築文化発信活動がスタートした。同時に任意団体で情報発信を行ってきた聴竹居倶楽部のホームページの一部改訂も行った。

国の重要文化財指定への動き

２０１７年１月早々には「聴竹居」の現地確認の作業を開始し、国の重要文化財指定に向けた文化庁、京都府文化財、大山崎町文化財と一緒になった調査や書類整備を進めていくことになる。

文化庁の西岡聡主任調査官、京都府文化財の竹下弘展さん、大山崎町教育委員会事務局の寺嶋千春さんと、３月７日に藤井厚二の図面が保管されている京都大学工学部建築系図書室へ行き、昭和４年に岩波書店から発行された『聴竹居図案集』に掲載されている図面の原稿を一枚一枚丁寧に見ていった。調査で分かったのは、藤井厚二は、「聴竹居」に関しては、設計図面らしい図面はほとんど自らは描いておらず、大工の酒徳金之助が描いていたことだった。『聴竹居図案集』に掲載されている「図面」の下図に墨入れ（インキング）したものの中には、おそらく藤井の手によるものだろう「赤入れ」したものまであった。つまり、藤井厚二著『聴竹居図案集』は、「聴竹居」の設計図面を大工の酒徳金之助と作成しながら、一方でそのまま『聴竹居図案集』の原稿を作成することにもなっていたのである。こうした共同の調査活動と共に、重要文化財指定に必要な所有者（竹中工務店）の同意書の用意、指定土地建物に関する資料（測量図、実測図など）作成を共同で進めていった。そして、５月19日に文化審議会が松野文部科学大臣に「聴竹居」を国の重要文化財に指定するようにとの答申がなされ、その日の夕方には早々にニュースで報道された。

文部科学大臣への答申がなされてから約2か月たった7月31日付で官報が出て、正式に国の重要文化財指定がなされ、重要文化財「聴竹居」（旧藤井厚二自邸）となった。10月4日には大山崎町役場にて重要文化財指定書伝達式が行われ、山本圭一町長から、建物所有者を代表して竹中工務店の佐々木正人専務に「重要文化財指定書」が手渡された。昭和の住宅として、また、建築家の自邸として初めて国の重要文化財に指定された「聴竹居」の大事な「重要文化財指定書」の原本は竹中工務店に保管され、写しが「聴竹居」現地に掲げられている。

「一般社団法人　聴竹居倶楽部」設立理事会

2016年12月に京都法務局に届を出して正式に設立した一般社団法人聴竹居倶楽部。

その第1回の設立理事会を、監事として東京から駆けつけてくださった小西章子さん、大山崎町役場からは理事として杉山英樹副町長が、そして、竹中工務店からは理事として総務室所属の岡林宏一さん、監事として経営企画室CSR推進部の石井康友さんが、さらに、聴竹居倶楽部

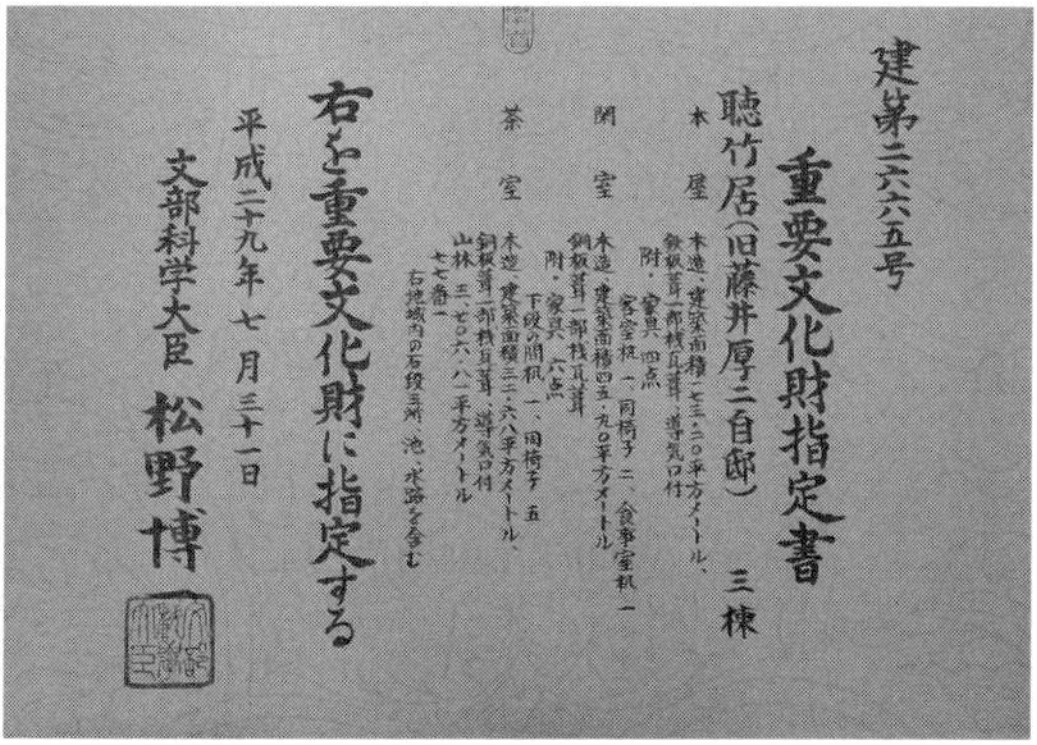
建第二六六五号
重要文化財指定書
聴竹居（旧藤井厚二自邸）　三棟
本屋　木造、建築面積一七三・二〇平方メートル、鉄板葺一部桟瓦葺、導気口付
附・家具　四点
客室机　一、同椅子　二、食事室机　一
閑室　木造、建築面積四五・九〇平方メートル
銅板葺一部桟瓦葺
附・家具　六点
下段の間机　一、同椅子　五
茶室　木造、建築面積三三・六八平方メートル、銅板葺一部桟瓦葺、導気口付
山林　三、七〇六・八二平方メートル
七七番一
右地域内の石段三所、池、水路を含む
右を重要文化財に指定する
平成二十九年七月三十一日
文部科学大臣　松野博一

「聴竹居」の重要文化財指定書。

社員として営業本部の佐藤吉幸さん、設計本部の私・松隈が代表理事・社員としての参加を得て、1月27日に「聴竹居」現地の縁側にて行った。初めて一堂に会したので自己紹介を行い、定款の確認と今後の方針などについて意見交換が行われた。今後も定期的に理事会・監事会・社員総会を開催して、「聴竹居」の公開活動についての方向性を竹中工務店＋大山崎町＋藤井家の３者で確認しながら進めていく。

その時に作成した一文を以下に引用してみたい。

一般社団法人 聴竹居倶楽部 設立への想い

２０１７年１月２７日
代表理事 松隈 章

２０１７年１月16日付で株式会社竹中工務店からニュースがリリースされました。そこには、「昭和初期を代表する木造住宅建築である『聴竹居』を取得し地元と共に保存活用」のタイトルで、「今後は、『聴竹居』が所在する大山崎町や地元住民とより一層の連携・協力を図り、見学会やイベントなどの開催や当社グループ社員による研修などでの利活用、さらに歴史的建築物の保存活用に関する研究など、地域と一体となった建築文化の発信に努めて参ります。」と、会社としての想いが綴られています。

この想いを受けて私なりには、以下の想いを多くの皆さんと共有しながら今後さらに建築文化の発信に努めたいと考えています。

まず、一般社団法人聴竹居倶楽部の活動の大きな方向性として、聴竹居・愉しむ――「日本の住宅」を地域から世界へ――を大切にしたいと思います。

藤井厚二も主著『日本の住宅』の中で、住宅とは「単に構造が堅牢にして震火風雨及び腐朽などに対して安全であり、且つ生存に必要なる衛生的の諸種の条件を完全に満たしたるだけでは不十分」であり、「精神上にも慰安を与え、各人の性情に適応したる愉快なものである」と述べています。様々な方々が「聴竹居」を「愉しむ」ことで、藤井厚二の「日本の住宅」という考え方を世界に向けて発信できればと思います。

そして、具体的には次の3つのポイントを大切にしていきたいと考えています。

1．「聴竹居」を活かして次代に遺し、地域社会に貢献する。
大山崎の皆さんと協力しながら「聴竹居」という建物を積極的に公開活用していくことで次代に遺し存在し続けることで、大山崎町在住の方々が地元に愛着とプライドを持って頂けるのではないかと思います。

2. 藤井厚二「日本の住宅」という想いを次代に伝える。

藤井厚二が自らの住まいを実験の場としながら、日本人にふさわしい「住宅」の近代的な様式を確立しようとした想いを再確認し、次代に伝えていくことが大切だと思います。藤井厚二も「其の国の建築を代表するものは住宅建築である」と述べています。

3. 「聴竹居」を活かし真の日本と日本人の暮しを見つめる。

藤井厚二と「聴竹居」は、「日本」の四季や、「日本人らしい暮らし」の大切さも教えてくれています。日本人が忘れかけている自然豊かな国土や四季の変化から生まれた「茶」「華」「陶芸」などの「生活文化」を見直すきっかけづくりにもなると思います。

メディア（テレビ・新聞・雑誌）による取材・撮影への対応

大山崎の地元での「聴竹居」公開は、所有者が代わっても何もなかったかのように、昨年までと同様に地元の見学対応スタッフによる一般見学対応が粛々と行われていた。しかし、竹中工務店が取得したことが公になったこと、さらに国の重要文化財指定が決まったことが公になったことにより、今までより一段、知名度があがった感があり、春から夏にかけて新聞や雑誌、さらにはテレビなどの取材が急増する。それに伴って当然のことながら、「聴竹居」の社会的な認知度は格段に上がり、さらに、見学希望者がうなぎのぼりになっていった。

この一年だけでも、多数のマスコミの取材・撮影・掲載・放送があった。「建築を社会に拓く」ために情報を幅広く届ける、まずその第一歩とすることができたのではないかと思う。

藤井厚二の「日本の住宅」への想いを広く伝える

「聴竹居」が2017年夏に国の重要文化財になったこともあり、今までにも増して「聴竹居」を訪れる方が急増すると同時に、藤井の『日本の住宅』にこめた想いをお伝えする講演会講師を頼まれることも増えた一年になった。全国各地で建築専門家から一般の方々まで幅広い層への講演を行った。列挙する。

・1月28日　京都府すまいづくり協議会主催講演会（京都市）
・2月25日　しずおか建築塾（静岡市）
・3月26日　日本建築家協会（大阪市）
・7月1日　伝統建築文化推進協議会研究集会（東京）

・10月21日　しまもと環境未来ネット環境学習部会（大阪府島本町）
・11月12日　神楽坂建築塾（東京）
・11月30日　ナレッジキャピタル・木曜サロン（大阪市）
・12月3日　clab tap講演会・見学会（京都府大山崎町）
・12月5日　大阪国際サイエンス倶楽部講演会・見学会（京都府大山崎町）
・12月22日　東京芸術大学特別講義（東京）

「聴竹居」で行ったイベント

2008年に聴竹居倶楽部を結成してから様々なイベントを企画・開催してきたが、この一年も同様に以下のイベントを企画・開催した。

・4月29日　聴竹居　新緑を愛でる会
・7月17日　藤井厚二墓参り
・7月22日　重要文化財指定記念・藤森照信先生講演会
・10月4日　重要文化財指定書伝達式
・11月3日　大山崎町町制施行50周年記念式典・功労表彰

・11月18日　京都府建築士会・京都建築賞・藤井厚二賞受賞者記念講演会
・11月25日　日本建築学会近畿支部70周年記念「聴竹居」見学会
・12月2日　聴竹居 紅葉を愛でる会
・12月9日　建築士会大会・京都大会「聴竹居」見学会

5月19日に「聴竹居」が国の重要文化財指定されることが決まったことを受けて、それを記念した講演会を開催することを企画し、一般社団法人聴竹居倶楽部の主催で7月22日に大山崎町ふるさとセンター大会議室で藤森照信先生の講演会を開催した。一般社団法人聴竹居倶楽部のスタッフ、杉山副町長、清水教育長、福島歴史資料館館長をはじめとした大山崎町役場の方々、そして、竹中工務店関係者、さらには「聴竹居」に関心を持たれている多くの方々が一堂に会するイベントになった。東京大学名誉教授で現在は江戸東京博物館館長の建築史家で建築家の藤森照信さんは、1970年代から藤井厚二「聴竹居」に注目してこられた一人。この日の講演では近年建築家として「茶室」の設計を手掛ける藤森さんが、建築史家として「茶室」の歴史を紐解く中で、建築家として初めて「茶室」を設計したのが藤井厚二だと紹介していた。講演会には小西章子さんと小西伸一さん、「八木市造邸」の現在の当主の八木重一・圭子ご夫妻も来られていて、講演会後に行われた懇親会で和やかに歓談されていた。こうして、まさに「聴竹居」が国の重要文化財に指定されることが決まったことを関係者一同でお祝いすると共にこれからも地元中心に大事に守り活用公開していこうとの機運を共有するメモリアルな一日となった。
そして、11月3日に開催された大山崎町町制施行50周年記念式典に、私が聴竹居倶楽部の代表として招かれた。２００８年の任意団体聴竹居倶楽部結成の時から、２０１６年に現在の一般社団法人聴竹居倶楽部になってからも「聴竹居」の保存・公開活用を続けてきたことで「功労表彰」を受け、賞状を授与された。このような大山崎町の記念すべき50周年の節目に「聴竹居倶楽部」の活動が表彰され、実に晴れがましい一日となった。記念式典で配布された冊子にもアサヒビール大山崎山荘美術館の建物とあわせ、大山崎町を代表する近代建築として紹介されていた。さらに、大山崎町町制50周年を記念する記念切手シートが大山崎郵便局から11月1日に発行され、国宝の「待庵」（妙喜庵）やアサヒビール大山崎山荘美術館、重要文化財宝積寺などと共に「聴竹居」も記念切手のひとつになった。

京都府建築士会に従来からあった京都建築賞、２０１６年にその部門のひとつとして「藤井厚二賞」が以下に記した趣旨のもと創設された。

「次代を担っていく建築士の支援を目的として、京都建築賞に特定のテーマを設定する新たな部門として『藤井厚二賞』を創設しました。
藤井氏の卓越した洞察力、探求心、行動力に、その成果である建築作品に敬意を表し、氏の建築に向き合う姿勢に相応しい意欲あふれる作品の応募を期待したものです。」

京都府建築士会ホームページより

この賞の創設を機会に「藤井厚二賞」に関連したイベントをぜひとも「聴竹居」で開催したいと考えていた矢先、京都府建築士会の原利行さんからメールが入り具体化していく。そうして11月18日土曜日の午後、作品「House of Kyoto」(京都市北区)で、栄えある第1回の「藤井厚二賞」を受賞された、構造家で設計者の満田衛資(満田衛資構造計画研究所)さんを招いての講演会と建物見学会を「聴竹居」で開催することができた。「聴竹居」を会場にして「藤井厚二賞」を記念したイベントを開催し、終了後は大山崎町で満田さんを囲んでの懇親会も開催し、大きな盛り上がりあるイベントになった。次年度以降も藤井厚二の想いを引き継ぐ次代の建築士を支援するイベントに育てていくお手伝いができればと考えている。

11月25日には、ちょうど70周年を迎えた日本建築学会近畿支部の記念行事として「聴竹居」見学会が開催され、10時、13時、15時の3班に分かれて見学に訪れ総勢約60名の学会員が参加した。通常の見学時間を大きく上回るそれぞれ約2時間の見学で、ガイドスタッフによる細かな建物解説に参加者は熱心に耳を傾けて居られた。

12月2日土曜日には、2009年から毎年実施してきて恒例となった聴竹居「紅葉を愛でる会」を行った。当日は晴天に恵まれ、紅葉もちょうど見頃を迎えていた。聴竹居倶楽部のメンバーを中心に近隣の方々総出で早朝から道路の清掃、建物内の清掃、さらに受付の準備を行った。9時半から見学開始だったが、既に9時前には多くの方々が詰めかけて来られていたので、9時半を待たずに見学受付を開始した。受付先着順に整理券を配り、およそ15人ずつ30分程度で室内見学、次々と来場者を受け入れていった。遠くはインターネットで情報を得て予約なしだからと駆けつけてくれた方も居られた。テレビや新聞、雑誌で大きく取り上げられたこともあり、広報をするとあまりに多くの来場者で混雑することや建物が傷むことから、大山崎町の広報誌以外の近隣の長岡京市や大阪府島本町の広報誌や地元の「京都新聞」などに事前に広報を行わなかった。それでも約３５０人の方々が室内見学を愉しまれていた。前庭ではこれも恒例となった大山崎えごま倶楽部が、かつて大山崎の町の発展の原動力となったエゴマ油でつくったドーナッツなどの販売や、大山崎郵便局の町制50周年記念切手シートの販売を行うなど、すっかり、秋を彩る地元のお祭りのひとつとなっている。

15時半を過ぎて最後の見学者がお帰りになったあと、片付けをし、これも恒例となった聴竹居倶楽部のスタッフとお手伝いをしてくれた近隣の方々が一堂に会しての打ち上げ懇親会を「聴竹居」内で行った。竹中工務店からは社会貢献活動の推進を担当している経営企画室ＣＳＲ推進部のメンバーが参加し、地元の方々との意見交換や懇親を重ねていた。12月9日土曜日には、年に一度全国各地で開催されてきた建築士会の大会がちょうど12月

8日から3日間京都大会として京都市内の会場を中心に開催されたことを受けて、大会のオフィシャルなイベントのイクスカーション（見学ツアー）のひとつとして「聴竹居」見学会が開催された。オフィシャルな見学会とは別に前後の8日、10日にも多くの建築士が訪れることになった。

藤井厚二が遺してくれていたタイムカプセル

2016年12月に藤井家（小西家）から竹中工務店が「聴竹居」の土地・建物を譲り受けた。実は、その際に全く人知れず「聴竹居」の倉庫にずっと眠っていた藤井厚二の遺品もあわせて譲り受けることになったのだ。主だったものを列挙する。

①藤井厚二が1919年から1920年にかけて欧米視察の際に毎日書きとめた日記帳
②同欧米視察時の藤井厚二のパスポート
③同欧米視察時の写真とアルバム
④同欧米視察時に藤井が日本の家族（母・元、妻・壽子）宛に現地から送った絵葉書
⑤1928（昭和3）年岩波書店から発行された藤井の代表的な著書『日本の住宅』の手書き原稿

⑥竹中工務店在籍時に藤井が担当した「朝日新聞大阪本社」「橋本汽船ビル」「明治海運本社ビル」などの平面図、立面検討図やスケッチ、着彩家具図などの美濃紙の原図
⑦藤井が交流した建築家などの名刺を台紙に貼ったファイルブック、手書きの住所録
⑧藤井厚二宛に届いた書簡や年賀状（武田五一、堀口捨己、結城素明ほか）
⑨「聴竹居」のデザインを検討したスケッチブック
⑩藤井が東京帝国大学で学んだ時に書きとめた講義ノート（伊東忠太、関野貞など）
⑪藤井の博士号の学位記（京都帝国大学）
⑫藤井が京都帝国大学教授の時に使っていた自身の名刺
⑬藤井が清水焼の陶工の川島松次郎に焼かせた「藤焼」各種

以上、どれもこれも藤井厚二を知る上で貴重なものばかりであり、さらに、当時の東京帝国大学での講義内容などが分かる教育史上でも貴重なアーカイブスといえる。

1938（昭和13）年7月17日に藤井が49歳で亡くなってから2018年でちょうど80年になる。このたび初めてタイムカプセルのごとくに発見されたこうした藤井厚二の貴重なアーカイブスを、今後きちんと整理・保管し、さらに資料を公開して、様々な研究者の協力を得てより深く藤井厚二の想いと藤井の生きた時代の息吹を解き明かしていくことが求められている。その第一歩として、藤井厚二の貴重なアーカイブスを初めて公開すべく

２０１８年5月に、公益財団法人竹中大工道具館に於いて、藤井厚二生誕１３０年、「聴竹居」90年を記念する企画展「聴竹居　藤井厚二の木造モダニズム建築展」を開催することになった。

これからの聴竹居倶楽部、そして竹中工務店

２０１７年1月から、日常管理運営は一般社団法人聴竹居倶楽部、土地・建物の維持管理は株式会社竹中工務店という新しい体制での保存利活用を始めて一年、多くの社内外の皆さんのご協力とご支援を受けて少しずつ体制を整えていくことができてきた。最後にこれからの一般社団法人聴竹居倶楽部の活動の方向性についてあくまでも私案として考えてみたい。

先ずは、聴竹居倶楽部と竹中工務店が覚書を交わし共同で進めていくとした「建築文化発信」活動だ。今年２０１８年は「聴竹居」完成90年、藤井厚二生誕１３０年、没後80年の節目の年となる。前述したように２０１８年5月12日から7月16日まで、竹中大工道具館で「聴竹居　藤井厚二の木造モダニズム建築」展を竹中大工道具館主催、竹中工務店と聴竹居倶楽部の共催で開催すべく鋭意準備を進めている。竹中大工道具館は大工道具を通して木造文化の大切さを発信している日本唯一の大工道具の博物館としてすっかり有名になっている。しかし、近代建築（モダニズム建築）を創り上げた大工と近代建築をむすび

つける企画展は今まであまりなかったジャンルで、新たな取り組みになるだろう。展覧会開催中には「聴竹居」の見学会はもちろんのこと、藤井と大工の酒徳が完成形とした「聴竹居」の完成から2年後に手掛けた寝屋川市香里園に現存する注文住宅「八木邸」の見学会も企画されている。建築専門家に留まらず今まで以上に多くの一般の方々に藤井の想いを知って頂く大事な機会となるように努めたいと思う。

次に、事前予約制で水・金・日に実施している「聴竹居」の一般公開とは別に行う聴竹居倶楽部の自主事業の拡大と充実だ。任意団体の時代にも行ってきた「聴竹居」の空間を生かした「展覧会」「コンサート」「講演会」を積極的に企画・開催していきたい。さらに、以前は藤井アーカイブスや家財でいっぱいだったものの、今はきれいに片づけた「閑室」の本格的な利活用である。藤井厚二も嗜んだ華道など生活文化に即した様々な教室利用や私的なお茶会や食事会での活用など、「本屋」とは異なるこぢんまりとした藤井厚二の私的な空間である「閑室」を生かしていきたい。2010年から始めた地元の美術館・アサヒビール大山崎山荘美術館とのコラボ企画についてもより一層の充実を図って、大山崎全体の魅力アップに繋げたい。

3つ目としては倶楽部のスタッフの研修の充実にも取り組みたい。重要文化財には限らないが、「聴竹居」のような歴史的建造物を保存・公開している団体との交流のため、スタッフ一同でそうした建物視察と意見交換を進めていきたい。2017年9月には京都南禅寺界隈別荘群にあるニトリの「對龍山荘」をスタッフで見学した。今後も様々な団体との交流を深めながらスタッフの意識と能力や知識の向上を図っていきたいと思う。

4つ目に聴竹居倶楽部の独自のグッズの企画・製作・販売で、独自の活動による収益の確保は、一般社団法人を持続していくには不可欠なものだ。竹中工務店が先ずは「聴竹居」のネーミングを守るために防衛的に取得した「聴竹居」の商標登録をより積極的に生かすと共に、地元の仕出し弁当屋さんである「すし銀水」さんのお弁当を生かした「聴竹居弁当」など、できる限り、地元の企業や商店とのコラボレーションによる地域振興を念頭に取り組んでいきたいと思う。現状販売している安田泰幸さんによるスケッチ画の絵葉書セット、写真家・古川泰造さんによる写真絵葉書セットに加えて、日本を代表するアートディレクター故・田中一光のお弟子さんの一人であるおおうちおさむさんにデザインしてもらった新しいロゴを生かしたステーショナリー（レターセット、マスキングテープ）やマグカップなど、「聴竹居」に関連した日用品の提供を充実したい。また、藤井厚二が手掛けた日用雑器の湯飲みなど「藤焼」の復刻や藤井がデザインして製品化した「照明器具」や「電気ストーブ」なども、これからの「日本の住宅」にふさわしいものとして復刻できればと思う。

5つ目に藤井厚二の想いをより深く調査し発信する母体となるだろう「藤井厚二研究会」（仮称）の立ち上げだ。以前から藤井厚二の図面などを所蔵している京都大学工学部建築系図書室、藤井の郷里で藤焼などを所蔵している広島県福山市のふくやま美術館、今般藤井厚二の東大時代の講義ノートや『日本の住宅』の原稿、日記、スケッチなど藤井厚二アーカイブスを所蔵することになった竹中工務店経営企画室歴史アーカイブスグループなどの所蔵品をもとに、貴重な資料の発掘、整理、研究、公開、展示、発表などを積極的に行っていくような研究会だ。当然、学術的な裏打ちが不可欠で、日本建築学会、日本建築協会、京都府建築士会などの団体にも協力を得ながら会を立ち上げることができればと考えている。前例としては京都工芸繊維大学美術工芸資料館が所蔵と事務局を担っている「村野藤吾研究会」の活動がある。

6つ目として、以前も任意団体聴竹居倶楽部が2回ほど主催して実施した「大山崎百人百景」の企画開催や、我が街・塩屋で開催された家族アルバムや小学校などに眠っている昔の街を写した古写真を集めて展示・公開する「百年百景」展など、地域の方々が地域外の方々と一体となって「大山崎」の歴史的、地勢的な面も含んだ「魅力発見」のイベントの企画・開催だ。「大山崎」の魅力を多くの皆さんが発見し発信することで地域の方々のこころにシビックプライドが育まれ、より、その魅力を育む姿勢が住民に拡がっていくことが、これからの街づくり（街育て）にとって極めて重要なことになると思う。

7つ目として藤井作品の積極的な利活用を支援する「藤井厚二『日本の住宅』倶楽部」（仮称）の事業立ち上げだ。「聴竹居」が国の重要文化財に指定されてマスコミなどへの露出が増えたこともあり、建築家・藤井厚二にもようやく光が当たり始めている。京都市内に今も遺るいくつかの藤井厚二が設計した住宅の持主が、ポツリポツリと「聴竹居」へお越しになられ、あるいは、直接、聴竹居倶楽部や私にアクセスしてこられるようになってきた。

どれもこれも建築後90年前後を経過した「日本の住宅」であり、貴重な文化資源となる可能性を秘めている。一般公開を優先している「聴竹居」に泊まることは難しいものの、京都市内に遺る「住宅」には泊まって頂ける「民泊」としたり、「カフェ」や「ギャラリー」にしたりなど積極的に利活用することによって、個人資産のままでもお金を生み維持管理できるような体制づくりにも取り組んでいきたいと思う。

以上7つほどの私案を考えてみたが、地元と一体となった聴竹居倶楽部を持続的（サステナブル）なものにしていくための活動に繋がることを念頭に置いている。今後も、日本や世界にあるより先進的な取り組みを参考にしながら、多くの有識者の協力を得ながら着実な歩みを進めたいと思う。

一方、国の重要文化財「聴竹居」を所有することになった竹中工務店。土地・建物を譲り受けた後、竹中工務店とグループ会社と連携して防犯警備体制と日常管理運営を司る事務局などのハード・ソフトの整備・拡充を行った。今後、建物の所有者として文化庁、京都府文化財、大山崎町文化財のご指導の下、逐次実施に移されていく保存・修理工事の当事者の立場で深く関わっていくことになる。こうした地道で息の長い活動を通じて歴史的建築物を使い続ける工夫のノウハウを蓄積し社会へ還元すると共に、建築文化発信に取り組んでいく。それは、経営理念「最良の作品を世に遺し、社会に貢献する」を掲げ、建物づくりを専業とし脈々と続けてきた竹中工務店の、そして企業としての社会的責任であり矜持といえるだろう。

おわりに

「聴竹居」と出会ってから22年、「聴竹居」をきちんと次代に遺していく社会的な機運や体制づくりがようやく整った。

その大きな胎動のひとつとして、2017年12月8日に、日本イコモス国内委員会第14小委員会（20世紀建築遺産）とISC20cが「聴竹居」を含む「日本の20世紀遺産20選の選定」を発表した。

6つの世界文化遺産選定のための評価基準（顕著で普遍的価値）のうち、「聴竹居」は、

（i）人類の創造的才能を表す傑作であること

（ii）建築や技術、記念碑的芸術、都市計画、景観設計の発展に関連し、ある期間にわたる、又は世界のある文化圏における人類の価値観の重要な交流を示していること

の、ふたつに該当するとし、「伝統を生かし、近代の環境工学の思想を取り入れた傑作」として「日本の20世紀遺産20選」のひとつに聴竹居が選ばれたのである。この20選の中でいわゆる個人邸、戸建て住宅は「聴竹居」が唯一のものであり、いかに重要な「日本の住宅」であるかが示されたのである。

藤井厚二は、自ら確立した環境工学の視点から日本の気候風土の特長を概説した上で、図面と絵や写真で完成形としての「聴竹居」を実例として掲載しながら、志向した日本の

気候風土と日本人のライフスタイルや趣味に適合した『日本の住宅』の思想を紹介する英文の著書『THE JAPANESE DWELLING HOUSE』を1930（昭和5）年に発行、世界発信している。それから88年、昭和の時代を越え平成を迎えて30年になる今、「聴竹居」は藤井厚二の想いをのせて20世紀の日本を代表する世界的な住宅遺産、世界文化遺産として再び世界発信する時を迎えている。

大山崎町の山本圭一町長は、「天王山」という聖地がある街「大山崎町」を、住民の誇りのひとつにしたいと考えている。その大山崎町にある「聴竹居」は、藤井厚二が目指したように「日本の住宅」の理想形として愛され、住宅を建てようとする人、住宅を設計あるいは施工する人、全てがそのスタートラインで必ずや訪れる「日本の住宅」の聖地になっていくように、地元第一主義、地域と一体となった活動を続けていきたいと思う。

藤井厚二の遺した名言に「其の国の建築を代表するものは住宅建築である」がある。「『日本の住宅』を考える人が必ずや訪れるのは、大山崎の『聴竹居』である」といわれる日が訪れることを愉しみにしたい。

「聴竹居」に関する調査研究、広報、「聴竹居」での主な講演及び保存公開　活動年表

【1995年】

1月17日	阪神・淡路大震災
9月〜11月	武田五一「芝川邸」の実測調査(竹中工務店大阪本店設計部有志+神戸大学学生)

【1996年】

5月〜6月	「芝川邸と武田五一展」企画・開催(竹中工務店大阪本店設計部主催)
6月	同上の企画展を三重県立美術館の学芸員が視察
7月	三重県立美術館学芸員ほかと松隈が初めて「聴竹居」を視察
8月	同上企画展のために「聴竹居」現地にて初の映像撮影
9月〜10月	三重県立美術館にて「聴竹居」の新規製作の模型、新製制作の映像、図面・写真などを展示

【1999年】

12月	長年、「聴竹居」を借りて住まわれていた方が90代で亡くなる 日本のモダニズム建築を代表する作品としてDOCOMOMO20選に「聴竹居」が選ばれる

【2000年】

3月〜7月　竹中工務店大阪本店設計部有志による「聴竹居」実測調査を実施。

実測調査監修　―石田潤一郎（滋賀県立大学助教授）

実測調査団　―竹中工務店大阪本店有志

コアメンバー　―松隈章、野田隆史、有田博、尾関昭之介、北村仁司、河合哲夫、潮崎有弘、志柿敦啓、田中英樹、東野忠雄、富永隆弘、柳博通

メンバー　―窪添正昭、合葉英二郎、上田忠司、植田道則、大谷幸典、酒井道助、菅正太郎、橘保宏、土井宏悦、藤井俊洋、村岡寛、北濱亨、國本暁彦、中村圭祐、藤田華子、米津正臣、山本あい

写真撮影　―和木通、畑拓、吉村行雄、古川泰造

1月〜　「聴竹居」を含むDOCOMOMO20選展が全国各地（鎌倉・神戸・北九州など）で開催。

【2001年】

3月　実測調査を取りまとめた『環境と共生する住宅「聴竹居」実測図集』（竹中工務店設計部編・彰国社）発行

5月　2年更新の定期借家契約によるオフィス的な利活用とメディア（雑誌、テレビ）への公開、一部の希望者への見学公開を実現。

【2004年】

1月〜3月　ふくやま美術館「武田五一・田邉淳吉・藤井厚二展」開催

【2005年】

4月〜5月　ギャラリーA⁴(エークワッド)のオープン前のプレ企画展で「モダニズム16人展——竹中工務店設計部の源流展」を開催

【2008年】

5月　DOCOMOMO japan聴竹居見学会、日本建築家協会京都支部見学会実施

6月1日　聴竹居倶楽部(任意団体)を結成　代表に松隈章が就任

【2009年】

4月　聴竹居　新緑コンサート

5月　聴竹居との出会い　栗本夏樹展

11月　紅葉コンサート

11月　「聴竹居と藤井厚二展」ギャラリーA⁴(11月11日〜12月24日)

12月　聴竹居　紅葉を愛でる会

【2010年】
3月　「聴竹居と藤井厚二展」大阪巡回展(〜4月11日)
3月　毎日放送「美の京都遺産」、NHK「美の壺」放送
4月　聴竹居　新緑コンサート2010

【2011年】
4月　聴竹居　新緑を愛でる会2011
5月　聴竹居コンサート
11月　聴竹居　紅葉を愛でる会2011
12月　大山崎百人百景撮影会

【2012年】
1月　山崎百人百景展覧会(1/27〜2/12)、大阪大学・甲谷寿史准教授「聴竹居」環境講演会
11月　聴竹居　紅葉を愛でる会2012
12月　大山崎百人百景撮影会2012
12月　テレビ東京「ソロモン流」名取裕子さん・放送

【2013年】

1月　NHK「美の壺　新春『邸宅スペシャル』」放送

1月　大山崎百人百景2012展覧会初日・表彰式

3月　聴竹居で記憶のかけらをつなぐ　河口龍夫展

4月　聴竹居　新緑を愛でる会2013

6月24日　天皇皇后両陛下行幸啓

11月　聴竹居　紅葉を愛でる会2013

【2014年】

4月　聴竹居　新緑を愛でる会2014

6月　建築設備技術遺産　特別認定　授与式

8月　芦澤竜一氏・建築茶論講演会

11月　聴竹居　紅葉を愛でる会2014

12月　メセナ協議会美術部視察会

【2015年】

3月	平凡社コロナ・ブックス『聴竹居　藤井厚二の木造モダニズム建築』松隈章著　発行
4月	聴竹居 新緑を愛でる会2015
10月	ワタリウム美術館・庭園倶楽部「聴竹居」講演会
12月	聴竹居 紅葉を愛でる会2015
12月	柳原照弘氏・建築茶論講演会

【2016年】

4月	聴竹居 新緑を愛でる会2016
7月	新潟東ロータリークラブ・「聴竹居」卓話講演
8月〜9月	竹中工務店による「聴竹居」取得のための調査及び検討
10月26日	竹中工務店経営審議会にて正式に取得決定
10月末〜	笹倉徹・木工展
12月	聴竹居 紅葉を愛でる会2016
12月8日	一般社団法人聴竹居倶楽部法人登記完了
12月20日	「聴竹居」の売買契約締結及び所有権移転完了

【2017年】

1月	一般社団法人聴竹居倶楽部設立理事会開催
1月	和の住まい推進リレーシンポジウム・inきょうと　基調講演「建築家・藤井厚二と和のすまい」
2月	しずおか木造塾・講演会
5月	文部科学大臣へ重要文化財指定を答申、「朝日新聞」『ひと』欄に記事掲載
7月	重要文化財指定記念・藤森照信氏講演会の企画開催
7月	国の重要文化財指定(官報告示)
8月	テレビ東京「美の巨人たち」放送

【2018年】(予定含む)

2018年は藤井厚二の生誕130年であると共に「聴竹居」竣工90年となる。本書の発刊のほかにも、『環境と共生する住宅　聴竹居実測図集』(増補版　竹中工務店設計部編　彰国社)、『聴竹居のすべて』(平凡社)、『藤井厚二の建築作品集(仮題)』(全10巻　ゆまに書房)などの刊行も予定されているほか、初夏には竹中大工道具館主催、竹中工務店・聴竹居倶楽部共催の『聴竹居　藤井厚二の木造モダニズム建築』展も開催される。

「聴竹居」に関する調査研究、広報、聴竹居での主な講演及び保存公開　活動年表

「おまえは藤井厚二の曽孫弟子なんだよ！」
なんと、ご縁は藤井厚二に直接繋がっていた——あとがきにかえて

私の大学時代の恩師で建築史家の越野武北海道大学名誉教授から「俺は藤井厚二の孫弟子だから、おまえは藤井の曽孫弟子なんだよ」と言われたのは、つい最近になってからのことだ。こうした話の展開は全く予期していなかった。

そのからくりを調べてみると、藤井厚二は亡くなる１９３８（昭和13）年まで京都帝国大学で教鞭をとっていたが、藤井の右腕として一緒に論文を発表していたのが横山尊雄先生であった。藤井自らが亡くなる寸前まで京大病院のベッドでスケッチしたと言われている京都嵯峨野の二尊院にある藤井の墓の模型を作り、今の形に仕上げたのも、横山先生だったのである。その横山先生は、戦後１９４８（昭和23）年に創設された北海道大学工学部建築工学科の先生として京都から北海道に赴任。私の恩師の越野先生は横山先生に教わっていたのである。さらに、越野先生は、「そういえば、大学時代に横山先生から藤井厚二のことは聞いていた」とのことだった。越野先生が藤井厚二のことを横山先生から聴いていたんだとしたら、なんで私の大学時代に教えてくれなかったのか……と。さらに、今更ながら横山先生がご存命であったら、藤井厚二について聞くこともできただろうし、藤井に関する資料も横山先生のところにあったかもしれない。〝歴史のたられば〟ではあるけれど、

本当に悔やまれる。

いずれにせよ、大学時代に遭遇しそうで遭遇しなかった藤井厚二に、1995年に起こった阪神・淡路大震災がきっかけで遭遇したことは、私の人生にとって大きな意味や意義をもたらすことになった。この本の中で記したように藤井厚二との遭遇は全くの偶然ながら、その後、その偶然を少しずつ必然に変えていくことができたのも、数え切れないほど本当に多くの方々のご協力とご縁の賜だと思う。

『ラッキーをつかみ取る技術』（小杉俊哉著　光文社新書188）という一冊の本が手元にある。2005年1月に発行され、当時心に残った本のひとつだ。この22年の私の歩みはまさにその本のタイトル「ラッキーをつかみ取る」の連続があったからこそ、なのかもしれない。小杉さんは本書の中で「出逢いは偶然でもそれをネットワークにするのは必然である」を強調している。少し長くなるが、本書から今の自分に繋がる7つ（ラッキーセブン）の言葉を以下に列挙してみたい。

・家族や、友人、平和に暮らしていることなど、感謝できることは数多いはず。そういう気持ちを持って日々暮らしている人のエナジーレベルは高く保たれている。感謝の気持ちを持つとそのエネルギーが相手に伝わり、相手のエネルギーを高め、よりよい関係になる。

・周囲の期待に応えようとしない。人は組織の中にいると、いつの間にかその文化の中に埋もれ、視点が固定されるのでそれを疑問に思わなくなる。視力の柔軟性を取り戻すのが必要なように、特に組織から距離を置き、客観的に眺めてみる。今やっていることに疑問を持ってみることが必要。

・〝いい人〟であることを恐れる必要はない。誠実であることが、人から信頼を得て、あなたの力を最大限発揮する。信頼を大切にする会社が、信頼を大切にする人を惹きつけ、高い業績を上げ続けている。

・本気で必要だと思っているときには、必要な人があなたに引き寄せられてくる。ただし、あなたがその人にふさわしいように自分を高めている必要がある。

・優先順位は、仕事かプライベートかではなく、仕事でもプライベートでも自分の人生にとってどれだけ重要かで決める。

・たとえうまくいかなくても絶対にあきらめない。小さな成功体験を重ねることで、自分にはできると思えるようになる。

・特にラッキーな人を別のラッキーな人に紹介する、結びつける。これをやるとますます自分がラッキーになる。自分がラッキーな人たちのネットワークの中心になるからだ。

「聴竹居」が竹中工務店の所有になり、国の重要文化財になり、地元の方々に守られている。まさにラッキーをつかみ取ることができたのも、「周りの人々のおかげ」だと心から思う。「建築すること」がまさにそうだが、「一人では何もできない」、でも一方で「ある一人が居なければ何もできない」のも事実だと思う。次代に意味や意義のあることを遺していく「ある一人」になれるように、これからも私自身精進し続けていきたいと思う。

今回、このような形で「聴竹居」との22年にわたるドキュメントをまとめる機会を与えて頂いた上に、編集者として微に入り細をうがち立派な書籍に仕上げてくれたぴあ株式会社の和久田善彦さん、そして素敵な装画を描いて頂いた遠山敦さん、心地よい「聴竹居」の佇まいを再現してくれたデザイナーの津村正二さんにも感謝したい。ちなみにこれも奇遇だが、元々は私的に知り合った和久田さんが、今はご自宅を我が街・塩屋に移されたのも大きなご縁だし、遠山さんのシェアオフィスが、塩屋を代表する洋館「旧グッゲンハイム邸」にあることも「塩屋」繋がりの不思議さを感じる。

最後に改めて謝辞を述べておきたい。

先ずは、私の所属する竹中工務店。ここまで「聴竹居」に長く取り組んでこられたのも、会社が常にあたたかく見守ってくれたからだ。さらに、聴竹居倶楽部。２００８年の任意団体の時から今の一般社団法人になって以降も、私以上により近くで「聴竹居」をあたたかく見守り育んできてくれた。
そして、私がここに居るラッキーを生んでくれ、常に応援し続けてくれた両親、父・故松隈義則と母・松隈緑、さらに同じ日に生まれ、結果として今同じような道を歩み続けている兄の松隈洋（双子の兄弟の存在はお互いに常に自分自身を相対化できる、複眼で物事を見ることに繋がったと思う）、そして、この本に書いてきたそのほとんどの時空と価値観を共にし今まで一緒に歩んできてくれた妻の美樹に心から感謝したい。

松隈　章　２０１７年12月18日　還暦を迎えた朝。神戸・塩屋の自宅にて

松隈章（まつくま・あきら）
1957年生まれ。神戸市垂水区塩屋町在住。株式会社竹中工務店設計本部部長付、一般社団法人聴竹居倶楽部・代表理事、公益財団法人竹中大工道具館評議員。手がけた主な建築設計作品・プロジェクトに、UCCコーヒー博物館、瀧定高槻寮、安川ビル、梅田DTタワー、ジェームス邸保存再生プロジェクトなどがある。著書は『聴竹居 藤井厚二の木造モダニズム建築』（平凡社）、『竹中工務店 住まいの空間』（建築画報社）ほか、共著・寄稿なども多数。2018年は本書のほかに、企画・編集・執筆として『環境と共生する住宅　聴竹居実測図集 増補版』（竹中工務店設計部編　彰国社）、『聴竹居　日本人の理想の住まい』（平凡社）、『藤井厚二建築著作集』（全10巻＋補巻全2巻 ゆまに書房）などがある。

一般社団法人
聴竹居倶楽部

木造モダニズム建築の傑作
聴竹居
発見と再生の22年

二〇一八年三月二十日　第一刷発行
二〇二三年十一月三十日　第二刷発行

著者　松隈章
編集　和久田善彦
装丁　津村正二
表紙／カバーイラスト　遠山敦
写真　古川泰造（P2〜16）
DTP　石崎諭生
発行人　木本敬巳
発行・発売　ぴあ株式会社　関西支社
〒530-0004 大阪市北区堂島浜
1-4-4アクア堂島東館2F
06-6345-8900［代表］
06-6345-9088［関西販売］
06-6345-9055［編集］
ぴあ株式会社　本社
〒150-0011 東京都渋谷区東
1-2-20渋谷ファーストタワー
03-5774-5200［大代表］
印刷・製本　TOPPAN株式会社

ISBN978-4-8356-3848-5